cómo educar a tu
niño

cómo educar a tu niño

Ayúdalo a desarrollar
su gran potencial

Dra. Miriam Stoppard

Primera edición en Gran Bretaña en
1991, hecha por
Dorling Kindersley Limited
80 Strand,
London WC2R ORL

Derechos de autor © 1991, 2001
Dorling Kindersley Limited, London
Derechos de texto © 1991, 2001
Dra. Miriam Stoppard
De esta edición:
D. R. © Aguilar, Altea, Taurus,
Alfaguara,
S.A. de C.V., 2002
Av. Universidad 767, Col. del Valle
México, 03100, D.F.
Teléfono 54 20 75 30

Edición original
Concebida, editada y diseñada por
CARROLL & BROWN LIMITED

Edición Revisada
Editor de Arte Senior Lynne Brown
Diseñador Carla De Abreu
DTP Karen Constanti
Editorial Angela Baynham, Jinny
Johnson y Elizabeth Tatham

Traducción: María Cristina Montes

A CIP catalogue record for this book is available
from the British Library

ISBN en inglés: 0751333921
ISBN en español: 1-58986-001-2

Impreso por Toppan en Singapur

CONTENIDO

EL PADRE COMO MAESTRO

LA EVOLUCIÓN NORMAL

prólogo

Estoy feliz de poder actualizar este libro
que siempre ha tenido un lugar muy especial en mi corazón.

Lo escribí por primera vez después de haber investigado el desarrollo del bebé y del niño,
y de haberme dado cuenta que para un padre es muy fácil esperar más de su hijo
de lo que el niño realmente puede dar. Así que pensé que uno de los objetivos de este
libro era intentar bajar la escala de expectativas de los padres respecto a sus hijos.

Sin embargo, poco después, partiendo del mismo estudio, descubrí que un bebé puede
alcanzar cualquier meta durante un periodo relativamente corto para adquirir
una habilidad particular.

Me impactó saber que si los padres están conscientes y preparados en cuanto al momento
en que emergen las habilidades de sus hijos, pueden inventar y compartir
con su bebé juegos que aumenten o alienten su desarrollo natural, en el preciso
momento en que sea más fácil lograrlo.

En todas las áreas del desarrollo infantil –física, intelectual, emocional o socialmente
hablando– me pareció que esta guía para padres puede convertirse en fuente de éxitos
maravillosos, tanto para los bebés como para los mismos padres.

Los beneficios que los niños obtienen son obvios –se les estaría dando la oportunidad de
aprovechar todo su potencial, algo que todo padre quisiera lograr.

Asimismo, los beneficios que los padres obtienen son igualmente obvios
–tendrían la oportunidad de convertirse en los maestros de su niño,
algo que todo pequeño necesita.

El resultado de todas estas reflexiones es este libro.

EL PADRE COMO MAESTRO

Como padre, se te pide que tengas muchos roles en la vida de tu hijo. Uno de los más importantes es crear un ambiente de amor y estimulación. Otro, es supervisar su sano desarrollo. Uno más, es inculcar una buena imagen propia; aunque no conocemos un único factor que sea absolutamente esencial para ayudar a tu hijo a desarrollarla, lo que sí sabemos es que constante e incondicionalmente debes dar a tu hijo tu aceptación, preocupación, simpatía y respeto, alentando su libertad e independencia con límites claramente definidos. Éstas son las bases primordiales para lograr que pueda construir una buena imagen de sí mismo.

Sabemos que un niño absorbe información a partir del momento en que nace, y que la mayor parte de esa información la obtiene de sus padres. Por ello, los padres son totalmente los responsables del aprendizaje temprano y su papel como maestros es muy importante.

HABILIDADES QUE FOMENTAN EL APRENDIZAJE

Un padre es el responsable de motivar la imaginación de un hijo, al infundir disciplina y enseñar a sus hijos a ayudar, entre otras cosas. Por lo tanto, es importante que los padres aprovechen las habilidades que los ayudarán a realizar mejor su trabajo.

Fija metas apropiadas

Evita fijar metas que no estén bien definidas o que sobrepasen las habilidades de tu hijo. Nunca busques la perfección: ésta frustrará tanto a tu hijo como a ti mismo y terminarás teniendo un niño infeliz y desmoralizado que simplemente no puede prosperar y desarrollarse bien. Nunca caigas en la trampa de esperar mucho en muy poco tiempo; por el contrario, fíjate en los pequeños logros y éxitos que tu hijo alcanza cada día. Trata de no concentrarte en las deficiencias; mejor nota y alaba cada uno de sus actos positivos o avances.

Si eres indulgente puedes hacer las cosas más difíciles para tu hijo. Sin duda el motivo es que tienes un buen corazón, pero mimar-

lo, mal educarlo o sobreprotegerlo puede hacer que se convierta en un ser dependiente, que se sienta indefenso y posiblemente sea la causa de que tome el papel de víctima, lo que hará que su vida sea muy difícil de enfrentar.

Siempre participa

Una de las labores de ser un maestro para tu hijo es que de hecho tienes que HACER COSAS. Es más, tienes que hacer muchas más cosas de las que quisieras. Tu hijo aprende del ejemplo y la imitación hasta que llega a los ocho años y una de las mejores formas es levantarte y hacer algo enfrente de él, o con él. Esto quiere decir que no sólo debes darle órdenes o instrucciones. Por ejemplo, en lugar de corregir a tu hijo diciendo: "No comas con los dedos", toma tu cuchara y, a propósito, realiza todo el movimiento mientras dices: "Nosotros comemos con la cuchara". En lugar de decirle "Ve y arregla tus juguetes", tómalo de la mano, ponte de rodillas y convierte esta tarea en un juego, diciendo: "Es hora de que alcemos tus juguetes". El movimiento combinado con una pequeña dosis de fantasía o buen humor, una broma o un juego, resulta maravilloso para conseguir que tu hijo haga lo que tú quieres.

Puedes participar de los juegos de tu hijo en lugar de interrumpirlos. Si los niños están jugando con las vías del tren, sugiere que el tren se mueva a la estación en lugar de que vaya sobre la calle, mientras empiezas a arreglar y mover las sillas para que no estorben. Puedes pedirle al conductor del camión (tu hija) que lo guarde en la cochera o lograr que el vaquero (tu hijo) conduzca el caballo al establo.

Repite, repite, repite

Con todos los niños, pero especialmente en el caso de niños pequeños, es necesario decirles una y otra vez que hagan la misma cosa. Por ejemplo, un niño pequeño no se quedará sentado y quieto mientras está comiendo o esperando algo. Así que, durante meses y meses y más meses, tendrás que repetir ciertos mensajes como "Nosotros no balanceamos nuestras piernas o pateamos la silla mientras estamos comiendo", hasta que el cuerpo de tu hijo reciba el mensaje al mismo tiempo que su mente.

Dale ejemplos positivos

Recuerda, siempre que sea posible, afirmar las cosas en forma positiva. Di: "Sí, es un perrito muy bonito; vamos a acariciarlo" y muéstrale a tu hija cómo hacerlo. Después

toma su mano y repite el movimiento con la suya. No grites: "¡No lastimes a esa mascota!" Las oraciones que empiezan con "no" comunican disgusto desde el mismo momento en que empiezas a hablar. Sin embargo, el cerebro de un niño no necesariamente procesa cada palabra, así que tu mensaje puede llegar como "¡…pobre mascota!", comunicando una intención totalmente opuesta.

Sólo hasta la edad escolar, un niño está listo para responder a las instrucciones expresadas a través de palabras, sin que estén acompañadas por una acción. Así que, siempre que puedas, actúa tus palabras y dale a tu hijo una imagen de las acciones. En lugar de decir, "¡No avientes la puerta al entrar!", cuando escuches que viene tu hijo, ve a la puerta, recíbelo y di: "Cerramos la puerta en silencio", después repite el movimiento poniendo su mano sobre la perilla de la puerta, cerrándola suavemente.

Asegúrate de que tu hijo pueda recordar las instrucciones

No puedes esperar que tu hijo recuerde el comportamiento correcto, aunque se lo hayas mostrado una y otra vez, hasta que la memoria del pequeño haya madurado. El aprendizaje se adquiere de manera gradual y por la repetición de acciones, lo que hace que los hábitos se formen en tu hijo.

No puedes esperar que tu hijo empiece a recordar aquello que puede o no puede hacer hasta los cinco años. Una vez que su memoria haya madurado lo suficiente, podrá recordar las cosas después de que se lo digas unas cuantas veces y lo hará rápidamente.

No interrumpas

Muchos niños presentan dificultades para concentrarse durante breves lapsos y es difícil conseguir que lo logren porque un niño pequeño simple y sencillamente no puede concentrarse tan bien como un adulto. Una de las cosas que puedes hacer para ayudarlo a mantener la atención es no interrumpirlo cuando está absorto en algo. Debes intervenir hasta que otra cosa le llame la atención, entonces hazle ver que ha hecho un buen trabajo.

Préstale atención

En el caso de un niño pequeño, la atención que se le debe dar tiene que ser consistente y obvia. Un niño es muy sensible a que le estés o no prestando atención, te jalará si no le estás haciendo caso o tomará tu mano o tu ropa para atraer tu atención. Un niño sólo siente que se le está escuchando si lo

miras directamente a los ojos y dejas de hacer lo que estés haciendo para escucharlo. Tienes que hacerlo. Si lo haces desde que tu hijo es muy pequeño, entonces él sabrá que tiene voz y que lo respetas como individuo.

Debes saber cuándo prohibir algo

Aunque estés educando a tu hijo mediante el ejemplo y digas las cosas positivamente, hay algunas veces en que necesitas decirle "no" y tu hijo tiene que entender que cuando dices "no", cualquier cosa que esté haciendo está prohibida. Después de pensarlo mucho, sin embargo, sólo encontré tres situaciones donde es absolutamente necesario decir "no" a un niño:

☐ Cuando mi hijo estaba a punto de hacer algo que pudiera lastimarlo, por ejemplo, tratar de alcanzar un bote de galletas sobre la estufa o un recipiente lleno de líquido caliente.

☐ Cuando las acciones de mi hijo pudieran dañar a otros; algo tan simple como jugar haciendo mucho ruido o golpear un juguete contra otro ruidosamente y cerca de un bebé que está durmiendo.

☐ Cuando mi hijo quería usar sus crayolas sobre la pared de la sala.

Cuando digas "no", no tienes que hacerlo de forma que parezca una confrontación.

La mejor manera es distraer a tu hijo con algo que sea interesante. Ahora bien, si se pone a discutir por algo, digamos, porque le pediste que se pusiera el abrigo antes de salir a jugar, sólo ve, trae el abrigo y pónselo.

Siempre es bueno detenerse un momento antes de decir "no", para que puedas asegurarte que conoces cuáles son las intenciones de tu hijo y que tu respuesta sea la correcta. Mantener la disciplina simple y firme es importante para que tu hijo sepa lo que quieres decir, que lo que dices es exactamente lo que quieres decir, y que tus palabras son seguidas por la acción que esperas.

Cuando hablamos de disciplinar a una niña, es imposible lograr que ella haga lo correcto, pues no tiene el poder de distinguirlo de lo incorrecto; asimismo, su voluntad es muy fuerte. Debes entender que tu bebé no hace las cosas con relación a ti y no puede cambiar su comportamiento sólo porque tú quieres; así pues, no tiene caso insistir en ello.

Hasta los tres años, la voluntad de tu bebé cambia del instinto a la urgencia, después al deseo y finalmente al motivo. Cerca de los dos años y medio, entra un elemento emocional. Sin embargo, en esta edad, no ayuda decir por qué quieres que tus niños hagan

cierta cosa, aún no han despertado a la idea de tener un motivo para hacer algo en particular. Tu pequeño de tres años no es capaz de actuar con reflexión y si le pides que trate de entender sus motivos, no podrá hacerlo; el razonamiento se presenta mucho más adelante –en algunos niños, se presenta hasta la adolescencia.

CRIAR NIÑOS ACOMEDIDOS

Los niños menores de dos años muestran un comportamiento de ayuda, generoso y amable especialmente hacia su mamá, pero también hacia otras personas. También es cierto que algunos niños muestran más amabilidad y altruismo que otros. La mayoría de nosotros quisiéramos que nuestros hijos tuvieran esta actitud, así que a continuación presento sugerencias para ayudar a crear el ambiente familiar que fomenta este tipo de niños.

Crea un clima familiar amoroso

Los padres que creen en amar, procurar y apoyar a sus hijos tienen hijos que piensan más en las necesidades de otros. Esto, probablemente, refleja la unión y seguridad que existe entre hijo y padre, y es un efecto de tu buen humor. Desde luego que también refleja el hecho de que el niño basa su comportamiento en tu comportamiento. Es más probable que tu niña quiera ayudar a alguien si está de buen humor, vale la pena tratar de mantenerla así.

Pon reglas y explica por qué lo haces

Una de las razones por las que una crianza completamente indisciplinada es mala para los niños, es que ellos progresan más y se desarrollan mejor con una educación ligeramente autoritaria: los niños prefieren tener guías claras en las reglas y estándares. Es un patrón que fomenta la alta autoestima y el respeto.

Cuando ambos padres explican las consecuencias de las acciones de un hijo ("Si le pegas a Juanito, él también te pegará") y además ponen las reglas de forma clara, explícita y con emoción ("¡No debes pegarle a la gente!"), crían hijos con más probabilidades de reaccionar con simpatía y deseo de ayudar a otros. Se han hecho muchos estudios que demuestran que especificar la razón para ser generoso o cooperativo, ayuda al niño a comportarse de una forma amable y sensata.

Los padres pasan mucho tiempo diciendo a sus hijos lo que no deben hacer. Es muy importante decirles por qué no deben hacer ciertas cosas, mencionando el efecto que pueden tener en otras personas. Es importante tener reglas positivas que debes repetir hasta el cansancio a tus hijos; por ejemplo: "Siempre es bueno ayudar a otras personas".

Asigna tareas útiles

Dejar que los niños ayuden verdaderamente en la casa o la escuela, como por ejemplo cocinar, hacerse cargo de las mascotas, o enseñar a sus hermanos y hermanas menores a jugar, fomenta el deseo de ayudar en la mayoría de los niños. No todos los niños hacen esas cosas espontáneamente, y se les tiene que pedir, alentar o en algunos casos obligar para que las hagan. Hay que tomar en cuenta que si los obligas debe ser de forma amable, de otra manera tendrá el efecto opuesto.

La manera más significativa para criar niños acomedidos es mostrar a tus hijos el comportamiento generoso, sensato y acomedido que te gustaría que tuvieran. Cuando hay un conflicto entre lo que dices y lo que haces, los niños imitarán lo que haces, así que establecer reglas claramente no será suficiente si tu comportamiento no es adecuado.

USAR LA DISCIPLINA POSITIVAMENTE

La disciplina es más que corregir un comportamiento no deseado, también quiere decir que debes ayudar a tu hijo a desarrollarse saludablemente, tanto mental, como emocional y físicamente. Cuando se trata de un bebé, nos preocupa su cuerpo, y guiamos a nuestro niño que apenas empieza a caminar dándole pautas y ritmo. Cuando está un poco más grande, lo tomamos de la mano y tratamos de ser un ejemplo. No es sino hasta que está en edad escolar que empieza a aprender de los cuentos y la palabra hablada, sin que tú le des ningún ejemplo.

No es muy apropiado corregir un mal comportamiento y esperar que tu hijo repita lo que tú crees correcto. Debes recordar que las acciones tienen que corregirse en el momento preciso, sin esperar que tu hijo recuerde la situación la siguiente vez. Lo que estás buscando es enseñarle firmeza a través del amor. La mayoría de los niños responden a un poco de disciplina con mucho ritmo en su vida hogareña. Por ritmo me refiero a las rutinas: hora del refrigerio, de la comida, tiempo para jugar, tiempo para tomar la siesta, para bañarse. Los niños progresan cuando tienen patrones y un estilo de vida regular. Un ritmo de vida rápido se convierte en un hábito y se disfruta muchísimo. El ritmo de tu casa se empieza a aceptar como la norma, lo que ayudará a eliminar muchas dificultades, luchas y discusiones acerca de los hábitos en el comer, el baño y la hora de ir a la cama. La mayoría de los expertos que trabajan con niños afirman que los pequeños necesitan una forma de estructura en su mundo externo para continuar creciendo saludablemente y disfrutar de un bienestar emocional. El ambiente también alienta el aprendizaje, pues proporciona el tiempo suficiente para hacer todas las cosas. Puedes acompañar este concepto con comentarios como: "Ahora es tiempo de que juegues", "Ahora puedes hacer lo que quieras", "Es la hora de comer", "Es hora de que tomes tu siesta", "Es hora de que te bañes", etc. Puedes considerar cualquiera de estos momentos de la vida diaria como una oportunidad para enseñarle.

La hora de las comidas

Comer juntos es una actividad muy importante en la mayoría de las familias y es una de las mejores formas para acercar a la familia y enseñar a tu hijo cómo interactuar con un grupo, pero tienes que tener mucho cuidado y evitar que la hora de la comida se convierta en una batalla. Tienes que asegurarte que se observe un determinado ritual, de forma que los miembros de la familia no sólo lleguen a la mesa, tomen cualquier cosa y salgan corriendo para comérsela en el camino.

Lo importante es hacer las comidas a horas regulares, esto ayudará a crear un ritmo en la vida de la familia. Conforme mis hijos fueron creciendo e iban a diferentes escuelas, al tiempo que mi esposo y yo teníamos diferentes horarios de trabajo, nos sentíamos todavía "unidos" a la hora del desayuno: era la hora en que empezábamos el día juntos y, para lograrlo, teníamos que levantarnos a tiempo para desayunar con el hijo que tenía que salir más temprano. No hubo un solo día en que no desayunáramos juntos y hacerlo nos dio un sentimiento de gran fuerza y seguridad.

Creo que se debe insistir en practicar un comportamiento determinado a la hora de las comidas, de modo que se conviertan en experiencias tranquilas y armoniosas para la familia. Los niños pequeños tienen que comer callados, en un ambiente tranquilo sin interrupciones de radio, televisión o un pequeño golpeando sus juguetes.

Si tu niño se pone a lloriquear o hace un berrinche, sácalo del comedor (pero no lo envíes a su recámara porque esto hará que aprenda a odiarla) y llévalo a un cuarto donde haya muchos juguetes que lo distraigan. Descubrirás que si así actúas la primera vez que el pequeño da un puñetazo, probablemente cambiará su conducta y regresará porque no quiere perderse lo que está sucediendo con el resto de la familia.

No trates de tener conversaciones de adulto a la hora de las comidas: los niños necesitan ser aceptados como participantes. Tienes que elegir tu tema y la forma cómo expresas las cosas de modo que la hora de la comida no sólo se convierta en un tiempo para comer, sino también sea para escuchar, compartir, conversar, hacer contribuciones y socializar.

Muchas de las cosas que hacemos en la vida tienen un final formal, así que al terminar una comida dale este mismo enfoque. No se debe permitir que los niños se levanten de la mesa sin decir que ya terminaron y pedir permiso para retirarse. No puedes esperar que sigan esta regla hasta que sean mayores de cuatro o cinco años. Que tu hijo pida permiso para levantarse de la mesa no

es un hábito anticuado; es una forma útil de saber quienes acabaron de comer.

La hora de acostarse y de levantarse

La hora de ir a la cama no tiene que ser particularmente rígida, pero debe pasar por ciertos procedimientos regulares, una especie de ritual, que el niño recuerda y espera como un momento feliz para terminar el día. Tu pequeña debe saber que, en el momento en que el primer ritual para ir a la cama se inicia, tendrá cerca de una hora de momentos encantadores con mami o papi y que sus padres también están esperando esos instantes. Sentarte en la orilla de la cama para contarle un cuento o cantarle una canción y mecerla en la cama para que ella se duerma envuelta en la seguridad de tus brazos, son rituales que fomentan quietud, tranquilidad y hasta somnolencia. Si haces que la hora de dormir sea agradable y dedicas un poco de tiempo y reflexión a tus hijos y tratas, por ejemplo, de que tu niño deje de sentirse molesto y se le dificulte dormir, tu hijo llegará de manera natural a una fase (cerca de los seis años) en la que se irá a la cama por su propia voluntad, sin que tengas que urgirlo a hacerlo, en cuanto se sienta cansado y sin alboroto o tardanza.

Siempre he creído que la forma en que un niño se va a dormir es importante para refrescar su mente, su espíritu y su cuerpo. Yo sentía un gran deseo de que mi hijo se fuera a dormir sin sentirse molesto y sin llorar. Por lo tanto, cualquier pequeña transgresión a las reglas cerca de la hora de dormir, yo la dejaba pasar para que mi hijo estuviera tranquilo. Estoy absolutamente convencida de que las pequeñas transgresiones pueden corregirse, si se repiten en otra ocasión, cuando el niño se siente más fuerte y no necesite dormir.

Con los pequeños, casi todo el tiempo después de la cena lo dedicamos a la hora de ir a dormir. Puedes bajar el ritmo de los juegos arreglando la habitación, después un baño, el cepillado de los dientes y a ponerse el pijama; al mismo tiempo puedes intercalar juegos suaves e interactuar con tu hijo. A esa hora del día, hablar lentamente o cantar suavemente puede ayudar a crear un estado de ánimo tranquilo y de somnolencia para irse a dormir. Si te aseguras de que la luz sea suave, utilizando una bombilla con luz de noche, y platicas con tu hijo durante 10 o 20 minutos, crearás un ambiente de calma y amor, para compartir.

Así como irse a dormir con una mente positiva es importante, también lo es desper-tar alegremente. Las mañanas tienen que ser momentos de felicidad, así que vale la pena dedicarles tiempo y esfuerzo para prepararlas. Por ejemplo, si arreglas la ropa de tu hijo con él, empezará a vestirse solo antes de lo que lo hubiera hecho normalmente. Es mejor tener listo su equipo de deportes, sus libros, su lunch, etc., desde la noche anterior para que puedas concentrarte en hacer felices las mañanas.

En la mayoría de las familias, el mayor problema en las mañanas son las prisas, cuyo efecto es que los niños se muevan más y más lentamente, logrando que toda la familia se ponga de mal humor. Si tienes más tiempo disponible no tendrás que despertar a tu hijo abruptamente, pues los niños necesitan tiempo para lograr suavemente la transición de estar dormidos a estar conscientes, igual que nosotros los adultos. Tu hijo puede conservar una especie de conciencia nocturna después de haber despertado, así que durante 10 o 15 minutos no podrá enfrentar preguntas, actividades rápidas ni recordará que tiene que lavarse los dientes. Trata de evitar las preguntas o pedirle a tu hijo que elija. Crea un orden particular de manera que tu hijo desarrolle su rutina mañanera: primero, que se levante de la cama, que vaya al baño, se lave la cara

y se peine, después que se vista, baje las escaleras, desayune y al final se lave los dientes.

Tareas diarias

Es una buena idea que desde la infancia tu hijo colabore con pequeñas tareas. Estarás estableciendo buenos hábitos de por vida en términos de responsabilidad, puntualidad y respeto hacia las personas y las cosas. Puedes pedirle que haga algo sencillo como regar una planta, dar de comer a los peces o que lea el barómetro.

Conforme tu hijo vaya creciendo puedes programar actividades que se repitan el mismo día de cada semana. Puede ir a caminar al parque el lunes, a nadar el martes, de compras el miércoles, a jugar con sus amiguitos el jueves y tener actividades especiales en casa, como pintar, jugar con agua o en el arenero, el viernes. Luego, por supuesto, habrá celebraciones en el año. Los cumpleaños son los más importantes. La Navidad es otro punto de referencia, Pascua puede ser otro, pero puedes celebrar cualquier cosa: el inicio de cada estación, lo que te da una amplia gama de actividades, como dibujar lo que él ve en el mundo en determinada época del año. Puedes hacerle notar cuándo los árboles tienen hojas y cuándo se les caen, los cambios de color en una estación, el clima que varía, jugar con muñecos de nieve en invierno o ir a la playa y nadar durante el verano.

En nuestra familia tomar en cuenta el cambio de las estaciones era algo emocionante, una fuente de gran seguridad. También ayudó a nuestros hijos a conocer la naturaleza, la forma como funciona el mundo, cómo viven los animales y hacerlos más conscientes de la ecología.

COMUNICÁNDOTE EXITOSAMENTE CON TU HIJO

Creo que siempre se debe permitir que los niños hablen y no sólo sobre temas convenientes, sino que provoquen un debate. En mi mente, éste es un ingrediente esencial en el desarrollo de la buena imagen y la seguridad, pues el niño percibe que lo que hace o dice tiene importancia y, por lo tanto, le da un sentimiento para conocer sus derechos y los límites de lo que en términos sociales le está permitido.

Yo estaba decidida a que mis hijos se sintieran con la libertad de hablar de cualquier tema, sin importar si era algo prohibido, y discutirlo con padres que los apoyaban en lugar de que se convirtieran en niños con hábitos furtivos y que tuvieran que buscar ayuda en otra parte. Cuando mi hijo de cuatro años me preguntó por primera vez si quería escuchar un chiste grosero, tuve un

momento de titubeo y me di cuenta de que en ese instante podría romper la comunicación. Le sonreí y le dije que me encantaría oír su chiste grosero, que resultó ser un chiste infantil sobre el retrete. Sin embargo, sentí que se rompió el hielo y se estableció un patrón: mis hijos podían tocar cualquier tema dentro de casa sin ser criticados o rechazados.

Conforme tu hija vaya creciendo, cuestionará tus decisiones, desafiará tu lógica, no tendrá miedo de presentar un punto de vista opuesto al tuyo, y entrará en un debate adulto sin enojarse. Es muy importante que tu hijo aprenda a hacer esto de manera amorosa.

Antes de que un maestro lo haga, tienes que demostrarle que la habilidad de pensar por uno mismo es valiosa. Por lo tanto, no premies las respuestas correctas y castigues las incorrectas. Los buenos padres no se apresuran a corregir todos los errores de su hijo en el momento en que se cometen. Si lo haces, las habilidades propias de tu hijo para autoevaluarse y autocorregirse no se desarrollarán lo suficiente; tampoco ganará confianza en sí mismo.

Los adultos disfrutan las discusiones cordiales; así debería ser también cualquier interacción entre padre e hijo. Usándolas ayudarás a tu hijo a formarse opiniones, fortalecer su lógica y le enseñarás a preguntar de una manera genuina y confiada. Puedes permitir que tu hijo presente su caso y que no esté de acuerdo con tu punto de vista, dentro de una atmósfera amigable. Un buen padre se siente orgulloso cuando ve que la habilidad mental de su hijo y su confianza en sí mismo van creciendo, cuando ve que no se siente amenazado por algún desacuerdo.

El desarrollar una actitud de "que sucedería si" en tu hijo es algo bueno, ya que le ayudará a anticiparse y considerar diferentes alternativas. Así que, cuando tu hija sugiera una acción inapropiada, simplemente pídele que considere lo que pasará si continúa y deja que ella llegue a razonar por qué es una acción inadecuada. Así aprenderá a pensar en las consecuencias de sus acciones cuando tú o alguien más no estén cerca para ayudarla.

Todas estas cosas alientan a tu hijo a pensar por adelantado y hacen que se dé gusto por un periodo cada vez más largo, lo que le ayuda a madurar socialmente. La habilidad para contener deseos espontáneos es la señal de que se está creciendo emocionalmente.

la evolución
normal

LAS ETAPAS DEL DESARROLLO

Conforme tu hijo se desarrolla, su progreso es inexorable y su paso es singular y particular, pero tú puedes alentarlo e impulsarlo. Lo que no puedes cambiar es la secuencia.

ALGUNOS PUNTOS GENERALES

El desarrollo es continuo. En ciertas áreas puede ser más lento, pero nunca cesa y a veces parece que el desarrollo continúa a costa de otras áreas. Hablando de la rapidez del desarrollo, ningún niño es igual a otro. Así, por ejemplo, tu hijo tiene que sentarse antes de que pueda caminar, pero el tiempo exacto en que empieza a sentarse y caminar será diferente de un niño a otro.

El desarrollo también depende del grado de madurez del cerebro, del sistema nervioso y otras partes del cuerpo; un niño caminará hasta que su sistema nervioso, músculos y articulaciones hayan alcanzado la madurez suficiente. De forma similar, pero más importante, ningún niño podrá mantenerse seco durante la noche o tener control de sus esfínteres hasta que se hayan hecho todas las conexiones nerviosas entre el cerebro, la espina dorsal, la vejiga y los intestinos, sin importar cuántas veces los padres lo sienten en el excusado tratando de que aprenda.

El habla depende del desarrollo de los músculos y el cerebro; hasta que la boca se agrande, el paladar se arquee y la lengua se reduzca (alrededor de las semanas 24 y 36), las ondas y músculos del habla no podrán producir los sonidos necesarios para emitir las palabras. Un desarrollo del cerebro suficiente para "hablar" no es usual antes de los 12 meses. Sólo después de que se alcanza esta etapa se puede "enseñar" a un niño a hablar. Algunos niños dicen su primera palabra a las 32 semanas, otros se tardan de 3 a 4 años. Como regla, las niñas empiezan a hablar antes que los niños. Los sustantivos y los nombres serán las primeras palabras de tu hijo. Los verbos vienen después.

Observando detenidamente a tu hijo notarás que el desarrollo siempre se presenta de la cabeza a los pies, sin importar qué habilidad se esté tratando de dominar. Por extraño que parezca, en la primera etapa controlará la cabeza, mantendrá el balance y luego caminará.

Conforme tu hijo crece y madura, notarás que las habilidades se hacen más refinadas. Los primeros intentos por hablar los realizan con movimientos ligeros de las piernas y el cuerpo; agitan manos y brazos y patalean, hasta que el habla se reduce a movimientos de la boca y expresiones faciales.

GRÁFICAS DEL DESARROLLO

Con el propósito de proveer a los padres de un mapa sobre cómo su hijo desarrollará habilidades especiales como caminar, hablar, sociabilizar y controlar la vejiga, he creado una serie de gráficas ilustradas.

Recuerda que sólo un aspecto de las gráficas se aplica a todos los niños: la secuencia de los cambios en el desarrollo que sigue después de que se adquiere totalmente la habilidad. La velocidad y facilidad de adquisición es individual y particular para cada niño. Por lo tanto, todos los tiempos y edades aquí proporcionados deberán ser interpretados como guías generales. De hecho, los doctores tienden a usar cifras promedio y, en realidad, el promedio no existe ya que éste se consigue aritméticamente, no por observación. Así que las probabilidades de que tu hijo haga exactamente cualquier cosa en un periodo determinado son muy pequeñas; lo más probable es que tu hijo logre una habilidad antes o después de lo establecido.

TRABAJAR CON TU HIJO

Para proporcionar la ayuda necesaria que permita maximizar las probabilidades de que tu hijo alcance su potencial completo, deberás conjuntar tus esfuerzos con la etapa de desarrollo de tu hijo. Un elemento importante en las gráficas son las sugerencias acerca de tu papel como ayudante y educador. Las sugerencias son simples, prácticas y, en la mayoría de los casos, no requieren mayor esfuerzo: son la clase de cosas que los buenos padres hacen sin pensar. No he indicado dónde, cuándo, con qué frecuencia o por cuánto tiempo debes comprometerte con estas actividades, pues deben ser espontáneas y de una duración natural. Cualquier oportunidad que se tenga para jugar, divertirse y acercarse uno al otro es un tiempo bien aprovechado. El aburrimiento de tu bebé te indicará cuando parar. Yo diría que 4 o 5 veces al día durante 3 o 4 minutos, es el tiempo mínimo requerido.

Las actividades no fueron descritas para que hagas que tu hijo sea especialmente brillante, su propósito es tener la esperanza de que no le pondrás metas poco realistas, que no lo presionarás para alcanzar estándares arbitrarios, sino que trabajarás con él dándole tu apoyo. Los niños aprenden más durante sus primeros años de vida que en cualquier otra etapa, y los padres tienen la gran responsabilidad de convertirse en maestros pacientes y preocupados por sus hijos en edad preescolar.

Para mí, la idea de que un padre sea el maestro de sus hijos es irresistible; es un papel divertido e infinitamente gratificante.

Antes de estudiar las gráficas, sería interesante que leyeras información relacionada con la adquisición de las habilidades individuales; encontraras consejos para relacionarte con los cambios de tu hijo, y pautas sobre cómo proporcionar un ambiente seguro y feliz.

DESARROLLO MENTAL

Durante el primer año el cerebro de un bebé dobla su peso. Este aumento de peso se debe parcialmente al aumento en el número de células del cerebro y al crecimiento de las "conexiones" entre las células y las diferentes partes del cerebro. Sin estas conexiones no podemos pensar, y es a través de ellas que se inicia el proceso de aprendizaje. Las conexiones en un bebé recién nacido empiezan a formar una red cuando se interesa en algo y hace un esfuerzo mental. En un bebé, esto sucede cuando se estimula cualquiera de sus sentidos. Así que desde el momento del nacimiento, los sonidos, la vista, el tacto, los sentimientos, los olores y los sabores, establecen más conexiones.

Para desarrollar un entendimiento general se requiere que muchas partes se unan. La vista, el sonido, la memoria y las habilidades motrices tienen que avanzar juntas para que continúe el crecimiento mental. El intelecto depende de los sentidos y del movimiento corporal para que el bebé entienda lo que está sucediendo a su alrededor. Por ejemplo, sin la vista, un bebé no puede ver un juguete; sin la memoria, un bebé no se entusiasmará con su juguete favorito; sin la coordinación entre el cerebro y los músculos, un bebé no puede alcanzar el juguete que está en movimiento; sin la coordinación mano-ojo, un bebé no podrá sujetar el juguete; sin sostener un juguete y jugar con él, un bebé no puede formarse el concepto de lo que es un juguete.

Muchas habilidades del cerebro y del cuerpo avanzan como ola de crecimiento y expansión conforme el entendimiento general aumenta. Los factores determinantes son la sociabilidad y personalidad de tu bebé, así como el ambiente creado para él.

Puedes ayudar al crecimiento y desarrollo del cerebro de tu hijo proporcionando la estimulación descrita en las gráficas. Es particularmente importante que lo hagas durante el primer año de vida y después en el tercer año. En ambas épocas es cuando el cerebro atraviesa una etapa de mayor impulso.

RECIÉN NACIDO

Tu bebé empieza a "entender" al nacer. El primer día escucha y está alerta; al tercero responde cuando le hablan y su mirada es intencional; para el día 9 sus ojos se mueven hacia el sonido; el día 14 "reconoce" a su mamá; el 18 hace sonidos y voltea hacia el sonido; el día 24 tiene un "vocabulario" de sonidos y su boca se mueve cuando su mamá habla.

Lo que puedes hacer para ayudarlo

☐ "Contesta" sus señales y sonidos. Deja que vea tu boca moviéndose, mueve tu cabeza y utiliza tu cuerpo cuando lo saludes.

☐ Ella puede ver claramente de 20 a 25 centímetros, muéstrale tu cara, colores o mueve tus dedos para que queden en el foco de su visión.

Estimula sus sentidos

Háblale y cántale, sosténla junto a ti y mécela, muéstrale sus cosas bastante cerca para que pueda verlas.

4 SEMANAS

Tu bebé entiende la mecánica de la conversación y abre y cierra su boca imitando el habla. Ajustará su comportamiento al sonido de tu voz; se tranquilizará cuando le hables apaciblemente y se angustiará si le hablas duramente o con tonos altos.

Lo que puedes hacer para ayudarlo

☐ Alimenta su sentido del ritmo hablándole como si estuvieras cantando.

☐ Ríete mucho.

☐ Sostenlo y mécelo. Usa una mecedora o una cuna.

Apela a su amor por el ritmo

Háblale con voz cantarina, cántale y muévete alrededor del cuarto meciéndolo mientras lo sostienes.

6 SEMANAS

Tu bebé te sonreirá por unos instantes y balanceará su cabeza cuando le platiques. Hará pequeños ruidos con la garganta cuando se le hable.

Lo que puedes hacer para ayudarlo:

☐ Se estará concentrando en ti, así que ayúdalo animando tu cara y manteniendo el contacto visual.

☐ Para captar su interés, mueve tus dedos y/o los juguetes dentro y fuera de su campo de visión. Háblale alternativamente en cada lado.

Despierta su interés

Mantén el contacto visual y gesticula; háblale de lado para que sepa que los sonidos vienen de diferentes direcciones.

DESARROLLO MENTAL

8 SEMANAS

Ahora tu bebé sonríe de inmediato y más seguido. Demuestra interés por lo que le rodea mirando hacia la dirección de donde provienen los sonidos y los movimientos, y observa detenidamente los objetos como si los estuviera "atrapando con sus ojos".

Lo que puedes hacer para ayudarlo:

■ *Añade interés a su ambiente apoyándolo sobre cojines y rodeándolo con varios objetos de colores.*
■ *Coloca un móvil y un espejo en su cuna y ofrécele varios juguetes chicos y suaves al tacto.*
■ *Canta melodías de cuna.*
■ *Enséñale sus manos.*

Haz que lo que le rodea sea interesante
Acomódalo entre cojines para que descubra lo que le rodea.

12 SEMANAS

Tu bebé empieza a conocer su cuerpo y mira y mueve sus dedos a voluntad. Contestará la conversación que le hagas con movimientos de cabeza, sonrisas, movimientos de boca, ruidos, pequeños alaridos y otras expresiones de dicha. También moverá su cuerpo animadamente.

Lo que puedes hacer para ayudarla:

■ *Responde al comportamiento de tu bebé con reacciones teatrales.*
■ *Actúa las canciones de cuna.*
■ *Realiza sencillos juegos físicos, dale suaves tirones, dóblale las rodillas, jálale los brazos, hazle cosquillas en los pies.*
■ *Dale juguetes chicos y firmes, con diferente peso y texturas, y que ella pueda sujetar, tocar y sentir.*

Demuestra una felicidad muy obvia
Premia el comportamiento de tu bebé reaccionando con exageración y alabándolo.

16 SEMANAS

La curiosidad de tu bebé es obvia. Le interesan los juguetes y los sonidos, los lugares nuevos, la gente y las nuevas sensaciones. También reconoce objetos y lugares, y entiende las rutinas. Se entusiasma al mirar el pecho o la botella, y revela sentido del humor. Le gusta echar un vistazo alrededor y por eso le gusta que lo acomodes entre cojines.

Lo que puedes hacer para ayudarlo:

■ *Alienta su sentido del humor dando seguimiento a lo que tu bebé encuentra divertido, riéndote con él y compartiendo bromas.*
■ *Los juguetes le enseñarán muchas cosas, ofrécele una amplia variedad que sea de diferentes tamaños, formas y texturas, y que se usen de manera diversa. Asegúrate de hacer ruido.*

Alimenta su curiosidad
Amplía sus experiencias platicándole lo que ves y haces. Dale muchos detalles acerca de un objeto o actividad.

20 SEMANAS

Le encantan los juegos, incluso chapotear en la bañera. Muestra el desarrollo de su concentración al examinar cosas. Se sonríe frente al espejo, voltea la cabeza cuando escucha un sonido y mueve sus brazos y piernas para llamar la atención. Le da pequeños golpecitos con la mano al biberón.

Lo que puedes hacer para ayudarla:

◻ *Para que aprenda que atiendes sus demandas y que le das ayuda y comodidad, responde con un sonido, moviendo tu cuerpo, viendo a sus ojos y acercándote.*

◻ *Asegúrate de presentar a todos los extraños con tu hija.*

◻ *Usa su nombre siempre que puedas.*

Juega mucho con ella
Juegos como cubrirte y descubrirte la cara son divertidos. Ríete con ella todo lo que puedas.

24 SEMANAS

Buscando atención, tu bebé hace ruidos y vocalizaciones, se emociona cuando oye que alguien viene, y alza sus brazos para que lo carguen. Le hablará y sonreirá a su imagen en el espejo y hará burbujas con saliva. Actúa tímidamente con los extraños, demuestra miedo y prefiere o le disgustan algunas comidas.

Lo que puedes hacer para ayudarlo:

◻ *Juega a que tiras un objeto y que después se lo das de regreso, así como otros juegos de toma y daca.*

◻ *Usa su nombre una y otra vez.*

◻ *Para ayudarlo a ganar el sentido del propósito para hacer que las cosas sucedan y cambien, demuéstrale las acciones y sus resultados. Por ejemplo, empuja una pelota y dile que ésta rueda.*

Responde a su búsqueda de atención
Cuando demuestre que te necesita, ve hacia él con los brazos abiertos; di su nombre y hazle saber que vas.

28 SEMANAS

Tu bebé iniciará las conversaciones y deberá reconocer muchos sonidos. Ya conoce su nombre, levanta sus brazos para que la cargues y demuestra independencia tratando de comer ella sola, sin ayuda. Ha empezado a imitar cosas sencillas y anticipa la repetición.

Lo que puedes hacer para ayudarla:

◻ *Muéstrale su imagen en el espejo y dile su nombre para que adquiera un concepto de sí misma. Sé enfática: "Ésa es Susana. Ésa eres tú" (en lugar de usar las palabras "yo" o "me"). Di "NO" para mostrar lo negativo.*

◻ *Repite los sonidos que haga tu bebé.*

◻ *Alienta que ella coma sin ayuda de otros, usando sus propios dedos.*

Fomenta su autoconocimiento
Muéstrale su imagen en un espejo. Señálala y di su nombre en voz alta. Usa su nombre lo más que puedas.

32 SEMANAS

Tu bebé empieza a entender el significado de las palabras, sabe lo que quiere decir "NO". Demuestra signos de determinación: va por juguetes que están fuera de su alcance. Tiene un agudo interés por los juegos y se concentra en sus juguetes. Cuando se le caiga un juguete, lo buscará a su alrededor.

Lo que puedes hacer para ayudarlo:

◻ *Juega mucho en el agua. Dale recipientes que pueda vaciar y llenar.*
◻ *Coloca sus juguetes fuera de su alcance y dáselos cuando los pida.*
◻ *Introduce muchos juegos que involucren el cuerpo.*
◻ *Alienta la independencia dejándolo que él mismo se alimente.*

Juega mucho con el agua
Las diferentes cosas y juguetes que tienes en tu casa, te facilitarán las actividades durante la hora del baño.

36 SEMANAS

Tu bebé reconoce los juegos y los ritmos que le son familiares, se ríe en los momentos oportunos y puede anticipar movimientos. Cuando se le llame por su nombre, volteará la cabeza, sostendrá sus manos para que se las laves, pero volteará la cabeza para mirar una toalla.

Lo que puedes hacer para ayudarla:

◻ *Realiza rutinas con tu bebé para que entienda la vida cotidiana. Explícale lo que estás haciendo: "Hora del almuerzo, primero te ponemos tu babero, después te sientas en tu silla, luego mm, qué rico…";*
◻ *Consigue juguetes ruidosos y/o permite que juegue con utensilios de cocina que sean seguros.*

Siempre explica tus rutinas
Utiliza las comidas, la hora del baño, o de ir a dormir para explicar rutinas cotidianas.

40 SEMANAS

Tu hijo se familiariza con las rutinas: dice adiós con la manita y adelanta su pie para que le pongas el calcetín. Sabe lo que es un osito de peluche y le dará palmaditas. Seguirá el juego de "La mocita, la peloncita". Buscará un juguete y a su "papá", si le preguntas "¿dónde está papá?"

Lo que puedes hacer para ayudarlo:

◻ *Proporciónale juguetes que pueda estrujar.*
◻ *Dale una muñeca suave y enséñale a vestirla y desvestirla.*
◻ *Juega a que tiras y levantas cosas, a las escondidillas con un juguete (para reforzar su memoria), o a cubrirte la cara diciendo "donde está mamá".*
◻ *Enséñale a poner cosas dentro y fuera de un recipiente.*

Hojea libros con él
Elige libros suaves para bebés que tengan ilustraciones grandes y brillantes y dedícale tiempo todos los días.

44 SEMANAS

Tu hija ahora puede decir una palabra entendible. Puede mostrarte cosas en un libro pero no se concentrará durante mucho tiempo. Constantemente está tirando juguetes, buscándolos y pidiendo que alguien se los recoja. Empieza a entender el significado de "dentro" y "fuera", "aquí" y "allá".

Lo que puedes hacer para ayudarla:
■ *Lee diferentes clases de libros.*
■ *Trata de aumentar su concentración contándole un cuento sencillo sobre algo que estés mirando.*
■ *Enséñale a dar golpecitos suaves y a aplaudir.*
■ *Sigue demostrándole las causas y sus efectos.*

Señálale cosas
Nombra varias cosas en la página de un libro. Toma la mano de tu bebé para que señale los objetos, nómbralos y repite.

48 SEMANAS

Tu bebé tiene un interés intenso en los libros y las cosas que aparecen en sus páginas. Repetirá su nombre. Le encantan los chistes y hará cualquier cosa por una carcajada, cosas como repetir trucos que te hacen reír. Moverá su cabeza para decir "No".

Lo que puedes hacer para ayudarlo:
■ *Concéntrate en los nombres de los objetos y de las partes del cuerpo. Realiza diferentes acciones para que tu bebé pueda imitarte. Recompensa todos sus grititos y respuestas.*
■ *Cuéntale "cuentos" sobre escenas y escenarios; describe las rutinas.*

Ayuda a tu bebé a imitarte
Señala tu nariz. Di: "Ésta es la nariz de mami". Toma su dedo, señala su nariz y di: "Ésta es la nariz de Tomasito".

1 AÑO

Tu bebé sabe todo respecto a los besos y cada vez demuestra un repertorio más grande de emociones. Ya puede recoger una muñeca, dártela con la mano y soltarla. Dice dos o tres palabras que tienen significado y puede reconocer un objeto en un libro y señalarlo. Empieza a entender preguntas simples.

Lo que puedes hacer para ayudarlo:
■ *Para estimular la imaginación y las ideas abstractas, léele pequeños cuentos.*
■ *Procura que demuestre su afecto; haz que le dé palmaditas a una muñeca, que bese a mami o a papi.*
■ *Describe tus acciones mientras le enseñas cosas como ponerse los calcetines.*

Léele cuentos sencillos
Los cuentos acerca de animales les encantan. Ayúdale también a aprender los sonidos que hacen los animales.

DESARROLLO MENTAL

15 MESES

Tu bebé, que ya empieza a gatear, conoce partes de su cuerpo, algunos objetos de un libro, puede imitar sonidos de animales y tratará de quitarse su ropa, si se lo pides. Irá por cosas sencillas y las cargará. Ha adquirido el concepto de lo que son los "gatos", por ejemplo.

Lo que puedes hacer para ayudarlo:

■ *Dale tareas pequeñas y sencillas que estimulen la aventura y el logro. Aliéntalo a ayudarte con tus tareas del hogar.*

■ *Ayúdalo a unir las palabras para que pueda hacer oraciones sencillas utilizando tres o cuatro palabras.*

■ *Introduce el concepto de posesión. "Ésta es la pelota de Martín, es tu pelota".*

Enfócate en los logros
Deja que te ayude tanto como pueda. Las tareas simples están dentro de sus habilidades y alientan sentimientos de orgullo.

18 MESES

Tu niño puede reconocer algunos objetos en una página y señalarlos si tú los nombras. Puede intentar hacer algunas tareas y tratará de imitar tus acciones. Puede llevar a cabo algo que le pidas que haga y que requiera una cierta evaluación y memoria: "Ve y tráeme tu osito".

Lo que puedes hacer para ayudarlo:

■ *El desarrollo del lenguaje depende de la memoria y la comprensión. Procura el aprendizaje a través de la repetición y háblale de situaciones: "Bien, ¿dónde está? En el baño".*

■ *Introduce el pronombre posesivo "Ésta es mi manzana, aquélla es tu manzana".*

■ *Introduce a tu hijo a las formas usando juguetes con formas.*

Repite para que aprenda
Cada vez que hagas algo repite ciertas frases claves: "Sofía tiene una manzana. Sí, Sofía tiene una manzana".

21 MESES

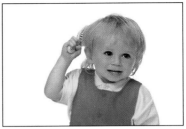

Tu hijo pide comida, bebida, juguetes y entiende que no debe acercarse a las ollas. Puede llevar a cabo ciertas cosas sencillas que le solicites y entiende más cosas complicadas: "Por favor, trae tu cepillo para el pelo, está en el baño". Puede tomar tu brazo o hacer movimientos para llamar tu atención.

Lo que puedes hacer para ayudarlo:

■ *Describe las propiedades de todo: los pájaros y los aviones vuelan, el pegamento es pegajoso, la piel de los animales es suave, las pelotas ruedan.*

■ *Describe el color de todo.*

■ *Introduce nombres opuestos (antónimos) como suave y áspero.*

■ *Empieza a usar los números. Muéstrale con tus dedos, y luego los suyos.*

Describe las propiedades de las cosas
Cuando le enseñes algo a tu hijo, señala si es duro o suave, su color, si hace ruido, si huele, etc.

2 AÑOS

Tu niña tiene un vocabulario que rápidamente va en aumento. Ya puede describir las propiedades de objetos que le son familiares e identificarlos. Puede obedecer órdenes complicadas y encontrar un objeto con el que haya jugado antes. Habla sin parar y ocasionalmente hace preguntas.

Lo que puedes hacer para ayudarla:

■ *Muéstrale cómo usar pequeñas herramientas, como un pala.*
■ *Preséntala con otros niños, pero no la obligues a jugar con ellos.*
■ *Dale lápices y pinturas, y aliéntala a dibujar.*
■ *Léele cuentos más largos y complicados o de hadas.*
■ *Conserva el interés por la música con canciones y cuentos audiograbados.*

Estimula la inteligencia relativa al espacio
Ayúdala a meter varias figuras en los agujeros de un juguete especialmente hecho para esto.

2 Y MEDIO AÑOS

Tu hijo añade detalles a conceptos más amplios: "Un caballo tiene una cola larga". Conoce melodías y puede encontrar cosas en su libro, conoce más colores, y puede contar, quizás hasta tres. Sabe su nombre. Pregunta: "¿Por qué?" Y dice: "No", "No quiero", "No puedo".

Lo que puedes hacer para ayudarlo:

■ *Dale juguetes con los que pueda aprender a contar.*
■ *Aliéntalo a dibujar objetos familiares y nota cuando vaya aumentando los detalles. Descríbelos y añade más detalles.*
■ *Habla sobre incidentes para reforzar su memoria.*

Usa juegos de números
Incorpora los números en todo lo que hagas. Cuenta las cosas cuando vas de compras, te vistes o dices lo que tienes que hacer.

3 AÑOS

Tu hija hace preguntas incesantemente. Puede contar hasta diez y construir complicadas estructuras con sus dados. Puede vestir a su muñeca y le gustan los juegos de la "vida real". Tiene buena memoria y hace referencia al pasado. Conoce su género.

Lo que puedes hacer para ayudarla:

■ *Trabaja su memoria recordándole lo que hicieron antes. "Fuimos al supermercado ayer, ¿te acuerdas?"*
■ *Cuando algo se le dificulte, dile: "Puedo ayudarte a hacerlo" y muéstrale cómo.*
■ *Inventa cuentos donde la protagonista sea tu niña.*
■ *Aumenta el número de libros y cuentos que le lees.*

Aumenta su autoestima
Anímala a ser más independiente y tener mayor seguridad, involucrándola en decisiones sencillas: escoger su ropa y su comida.

LOCOMOCIÓN

Por extraño que parezca, aprender a caminar, correr, brincar y saltar empieza cuando tu hijo es capaz de controlar su cabeza. Por lo tanto, cuando su cabeza empieza a levantarse alrededor de las cuatro semanas de edad, estás observando los primeros esfuerzos de tu hijo por caminar. Como en todo desarrollo, el progreso va de la cabeza a los dedos del pie, por lo que el control de la cabeza es esencial en la primera fase.

Durante estas primeras semanas, las piernas y los brazos de tu bebé empezarán a tomar una posición más madura –son pasos necesarios para lograr una locomoción exitosa. Después, en etapas que puedes percibir rápidamente, tu bebé usará brazos y piernas para lograr más movimientos refinados y coordinados conforme sus músculos se van haciendo más fuertes. Estos movimientos primero le permitirán a tu hijo sentarse erecto, después gatear, ponerse de pie y caminar.

Sin embargo, antes de que algunos bebés aprendan a caminar, pueden aprender a moverse de un lado a otro usando otros métodos. Algunos se vuelven expertos en rodarse; otros van de un lugar a otro usando sus glúteos y "caminando" a sentones; otros más utilizando un glúteo y una mano o ambas manos y ambos glúteos; y algunos gatean hacia atrás. Una vez que tu pequeño domine los elementos básicos de la locomoción, los refinará hasta que pueda correr, brincar o saltar graciosamente, y esquiar, conducir una bicicleta y trepar con toda facilidad. A través de todo este proceso, tú puedes ayudarlo haciendo los ejercicios y jugando los juegos que se describen en las gráficas. Se supone que éstos deben ser divertidos, y debes aplicarlos cada vez que tengas tiempo y tu niño esté de un humor receptivo.

PROPORCIONAR UN AMBIENTE SEGURO

Una vez que tu niño empieza a moverse alrededor de la casa con facilidad, tu mayor preocupación será mantenerlo seguro. Deberás observar las siguientes guías:
☐ Bloquea las escaleras y cualquier área peligrosa, poniéndole rejas. Estas rejas deberán ser de una malla rígida, con una orilla recta en la parte alta, que tenga un

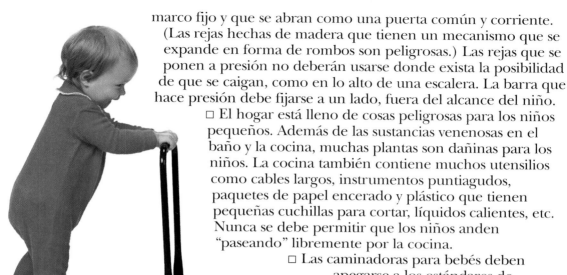

marco fijo y que se abran como una puerta común y corriente. (Las rejas hechas de madera que tienen un mecanismo que se expande en forma de rombos son peligrosas.) Las rejas que se ponen a presión no deberán usarse donde exista la posibilidad de que se caigan, como en lo alto de una escalera. La barra que hace presión debe fijarse a un lado, fuera del alcance del niño.

□ El hogar está lleno de cosas peligrosas para los niños pequeños. Además de las sustancias venenosas en el baño y la cocina, muchas plantas son dañinas para los niños. La cocina también contiene muchos utensilios como cables largos, instrumentos puntiagudos, paquetes de papel encerado y plástico que tienen pequeñas cuchillas para cortar, líquidos calientes, etc. Nunca se debe permitir que los niños anden "paseando" libremente por la cocina.

□ Las caminadoras para bebés deben apegarse a los estándares de seguridad. Nunca permitas que tu hijo use una caminadora cerca de una olla de presión, chimenea, calentador o cualquier otra fuente

de calor. Para minimizar accidentes, revisa que la superficie del piso esté plana y libre de obstáculos, incluyendo las esquinas de las alfombras y pisos de madera levantados.

□ El equipo para jugar fuera de casa deberá estar firmemente anclado a la tierra poniéndole concreto en la base de los soportes. Se deberá cubrir el concreto con un material acojinado. Evita tratar la madera con sustancias que contengan creosita o pentalorophenol. Cuando tu hijo empiece a conducir una bicicleta o a utilizar una patineta o unos patines, procura que use un casco, rodilleras y coderas.

LOCOMOCIÓN

RECIÉN NACIDO

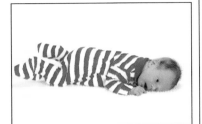

Hay ciertas posturas que son típicas de una recién nacida. Verás que voltea su cabeza al lado que ella prefiere, ya sea que la coloques sobre su espalda o su estómago y flexionará sus extremidades (piernas y brazos) hacia su cuerpo.

Lo que puedes hacer para ayudarla:
■ *Para lograr que pueda adquirir posiciones más maduras, practica suaves ejercicios de piernas.*
■ *El tamaño de la cabeza de tu bebé es una cuarta parte de su cuerpo, es demasiado pesada para que los músculos de su espalda y cuello se levanten por sí solos. Refuerza sus músculos de modo que su cuello se endurezca sosteniéndola por el frente dos o tres veces al día.*

Ayúdala a liberarse de las posiciones fetales
Suavemente dóblale las rodillas y estira sus piernas cuando le cambies el pañal, provocará que tu bebé adopte posiciones no fetales.

4 SEMANAS

Tu bebé todavía tiene poca fuerza en sus músculos del cuello; la cabeza le colgará a menos que la sostengas. Si lo acuestas boca abajo, puede levantar su barbilla y si lo sientas puede ser que sostenga su cabeza por un momento.

Lo que puedes hacer para ayudarlo:
■ *Continúa ejercitándolo como cuando estaba recién nacido.*
■ *Mueve tus dedos, un juguete u otro objeto dentro del campo visual de tu bebé, provocando que mueva su cabeza.*

Dale algo que pueda observar
Mientras esté acostado boca abajo, mueve tus dedos hacia arriba o un objeto colorido por su campo visual, a fin de que sus ojos y su cabeza sigan tus movimientos.

6 SEMANAS

Tu bebé puede levantar su cabeza 45° cuando la sientas: su cabeza cuelga menos, y la sostiene en línea con su cuerpo durante unos minutos si la sostienes boca abajo. Sus rodillas y sus caderas se vuelven más fuertes y no están tan flexionadas.

Lo qué puedes hacer para ayudarla:
■ *Para que tu bebé tenga que levantar la cabeza coloca objetos brillantes frente a ella.*
■ *Para fortalecer sus piernas, juega estirándole las piernas cuando se vaya a dormir o la cambies.*

Anímala a levantar su cabeza
Cuando esté recostada boca abajo, toma un juguete y sostenlo de manera que ella tenga que levantar la cabeza para verlo.

8 SEMANAS

Tu bebé ya puede sostener su cabeza cuando está de pie, sentado, o cuando está acostado boca abajo, pero no por mucho tiempo. Cuando lo tienes boca abajo, puede mantener su cabeza en línea con su cuerpo.

Lo que puedes hacer para ayudarlo:

■ Para enseñar a tu bebé lo que es el balance, el cual reside en el oído, el cerebro, la espina dorsal y los músculos, juega con él sosteniéndolo en una posición de pie.

■ Para que se interese en lo que le rodea, acomódalo en un asiento y preséntale diversos objetos suaves y brillantes.

Proporciónale cosas que quiera alcanzar

Acomoda a tu bebe en su silla o recargado entre cojines y anímalo a que golpee algunas cosas suaves y coloridas.

12 SEMANAS

Ahora tu bebé puede sostener su cabeza en alto de manera constante cuando está recostada boca abajo; cuando la sientas, o cuando la acomodas sobre unos cojines, su cabeza casi no colgará de su cuerpo.

Lo que puedes hacer para ayudarla:

■ Para fortalecer un poco más el cuello y los músculos de tu bebé, cuando esté acostada ocasionalmente juega a jalarla como si la fueras a sentar.

■ Para animarla a alcanzar algo, acércale objetos suaves cuando esté acostada. Aprenderá a poner su peso en un brazo para alcanzar el objeto.

Juegos que fortalecen los músculos

Juega recostándola y jalándola suavemente como si la fueras a sentar. Repite esta operación cuanto sea necesario.

16 SEMANAS

Al bebé le encanta sentarse y observar, pero necesita apoyo; su cabeza colgará momentáneamente cuando lo acomodes para sentarlo. Mantiene su cabeza sostenida, pero perderá el equilibrio si se mueve repentinamente.

Lo que puedes hacer para ayudarlo:

■ Para fortalecer los músculos del tronco de tu bebé, haz juegos que hagan que gire sobre su propio eje.

■ Para alentar el balance y el máximo movimiento, ofrécele algunos juguetes suaves.

■ Siéntalo en una silla bien apoyado, utiliza cojines si es necesario.

Procura el balance

Dale una nueva dimensión al juego de "te encontré", quedándote a su lado cuando lo llames, de manera que tenga que girar su tronco para encontrarte.

LOCOMOCIÓN

20 SEMANAS

Tu bebé ya tiene control absoluto sobre su cabeza. Cuando la acomodas para sentarla o se mece, su cabeza ya no se balancea.

Lo que puedes hacer para ayudarla:

■ *Para que tu bebé camine, su cabeza tiene que estar estable. Para ayudarla, practica ejercicios meciéndola.*

Juega tratando de estabilizar su cabeza

Mece a tu bebé. Esto le dará práctica para mantener su cabeza estable. Cargándola, puedes bailar ligeramente alrededor del cuarto.

24 SEMANAS

Sus músculos se han fortalecido y puede poner mucho de su peso sobre sus antebrazos; se sienta con las manos hacia delante para apoyarse. Sostiene sus manos hacia fuera para ser levantado y puede sentarse apoyado en su cuerpo por unos minutos.

Lo que puedes hacer para ayudarlo:

■ *Para fortalecer los huesos y músculos, prepáralo para caminar: haz que salte.*
■ *Como preparación a que gatee, anímalo a que levante su estómago del piso; acuéstate junto a tu bebé, cada uno sobre su abdomen, y separa tus brazos y torso del piso.*
■ *Prémialo por sostener sus brazos hacia fuera.*

Ejercicios para sostener peso

Con tu bebé sobre tu regazo, muévelo hacia arriba y hacia abajo. Ésta es una buena práctica para ayudarlo a levantar su peso y lo preparará para caminar.

28 SEMANAS

Ahora tu bebé puede sostener cierto peso en una mano cuando está acostada boca abajo, también puede sentarse sin ningún apoyo, levantar su cabeza cuando está recostada sobre su espalda y cargar todo su peso cuando la sostienes de pie.

Lo que puedes hacer para ayudarla:

■ *Para lograr que tu bebé levante su cabeza, cuando esté recostada, ofrécele algunos juguetes y mantenlos fuera de su alcance.*
■ *Para lograr que tu bebé cargue su propio peso, fomenta juegos en los que tenga que estar de pie.*

Anímala a levantar su cabeza

Con tu bebé acostada sobre su espalda, sostén fuera de su alcance algunos juguetes para que levante su cabeza.

32 SEMANAS

Tu bebé puede intentar moverse; se estirará y tratará de alcanzar un juguete. Mecerá su cuerpo. Sus caderas y rodillas están más fuertes y se aventurará a sostener su peso tratando de ponerse de pie. Si lo sostienes de los brazos, brincará.

Lo que puedes hacer para ayudarlo:

■ *Para animarlo a que pase de un lado a otro sobre sus glúteos, lo que le da la sensación de movilidad y le da confianza e independencia, siéntate a corta distancia y extiende tus brazos hacia él.*

■ *Para preparar sus piernas para que empiece a caminar, practica poniéndolo de pie y haciéndolo brincar mientras lo sostienes sobre una cama, o en el baño.*

Logrando que se mueva

Siéntate a corta distancia de tu bebé y extiende tus brazos hacia él. Anímalo a venir hacia ti llamándolo por su nombre y ofreciéndole un juguete que le guste.

36 SEMANAS

Tu bebita mantiene su peso sobre sus piernas, pero necesita sostenerse de algo para hacerlo. Se puede sentar 10 minutos, inclinarse al frente y a los lados y mantener el equilibrio. Puede rodarse o intentar gatear. Le es muy difícil sentarse si se encuentra de pie.

Lo que puedes hacer para ayudarla:

■ *Anímala a que se ponga de pie sosteniéndose de algunos muebles firmes y tomándola de las manos.*

■ *Para lograr que se incline hacia adelante o a los lados mientras mantiene el equilibrio, ponle algunos juguetes fuera de su alcance mientras esté sentada.*

■ *Para que le sea más fácil sentarse si se encuentra de pie, dóblale sus rodillas.*

Deja que ella misma sostenga su peso

Ayuda a tu bebé a sujetarse de los muebles. Coloca sus manos sobre un mueble y quédate cerca mientras se sostiene.

40 SEMANAS

Tu bebé ya tiene movilidad y se transporta un poco hacia delante con sus manos y rodillas. Se levanta y disfruta cambiando de posición. Los músculos laterales de su tronco se están fortaleciendo y, mientras está sentado, lo mueve de un lado a otro.

Lo que puedes hacer para ayudarlo:

■ *Ofrécele tus dedos para que se anime a levantarse, sentarse y permanecer de pie. Quedará impresionado y fascinado por sus proezas. Alábalo mucho.*

■ *Para enseñarle a dar unos pasos, cuando esté de pie, dóblale una de sus rodillas y levanta su pie del piso. Cuando lo haga, dile: "¡Qué niño tan listo!"*

■ *Para hacer que mueva su tronco, pon un juguete a sus espaldas. Sosténlo mientras mueve el torso hacia atrás.*

Anímalo a que gatee hacia ti

Coloca a tu bebé sobre sus manos y rodillas y siéntate a corta distancia. Irá hacia ti si extiendes tus brazos hacia él, lo llamas o le ofreces un juguete.

LOCOMOCIÓN

44 SEMANAS

Tiene completa movilidad mientras está sentada, también la verás arrastrándose a todas partes. Si está erguida, levantará su pie.

Lo que puedes hacer para ayudarla:

▢ *Continúa con los mismos ejercicios que practicabas.*
▢ *Ponla en posición de gatear y anímala a avanzar.*
▢ *Para enseñarla a dar los primeros pasos, mientras esté de pie, dobla una de sus rodillas y levanta su pie del piso. Cuando lo haga, anímala.*
▢ *Para que mueva el torso, pon un juguete de modo que tenga que voltear para alcanzarlo.*

Ayúdala a ponerse de pie
Ofrécele tus dedos para que pueda empujarse hacia arriba. Haz que se sienta orgullosa de haberlo logrado premiándola con sonrisas y aplaudiéndole.

48 SEMANAS

Tu bebé ya camina de lado sosteniéndose de los muebles; caminará hacia delante si le sostienes ambas manos. Cuando está sentado, puede voltear y recoger un objeto sin vacilar.

Lo que puedes hacer para ayudarlo:

▢ *Coloca muebles por toda la habitación, dejando una separación entre cada uno de un paso, de modo que tu bebé pueda caminar de lado y "cruzar" toda la habitación.*
▢ *Ayúdalo a caminar cogido de una mano.*

Facilita su travesía
Coloca muebles firmes de modo que queden separados por un paso. Quita las cosas que puedan caerse. Anímalo a moverse de lado alrededor del cuarto.

1 AÑO

Tu bebé ya puede caminar si lo sostienes de una mano. Cuando gatee, lo hará usando sus manos y pies, de la misma manera como camina un oso.

Lo que puedes hacer para ayudarla:

▢ *Para animarla a que camine sola, pídele que lo haga hacia ti durante sus travesías.*
▢ *Para darle valor y que se lance a caminar por sí sola, coloca los muebles ligeramente apartados uno del otro.*

Anímala a caminar hacia ti
Siéntate un poco lejos de tu bebé mientras ella se sostiene de un mueble. Extiende hacia ella tus brazos, llámala por su nombre y pídele que vaya hacia ti.

13 MESES

Tu bebé puede ponerse de pie y hasta dará sus primeros pasos sin tu ayuda.

Lo que puedes hacer para ayudarla:

■ *Para que se sienta orgullosa de este gran logro, dile que crees que es maravilloso que pueda ponerse de pie por sí sola y quizás dar un paso.*

■ *Para animarla a que se ponga de pie por sí misma, cómprale un juguete firme, suficientemente alto como para que le permita sostenerse de él.*

■ *No la apresures a que empiece a usar zapatos; realmente no necesita zapatos hasta que empiece a caminar fuera de casa.*

Deja que practique de pie
Los juguetes estables o los muebles con esquinas redondeadas son ideales para que se sostenga y camine. Cuando se mueva, vigílala.

15 MESES

Tu niño ya puede arrodillarse y sentarse sin tener que apoyarse, subir las escaleras arrastrándose y caminar. Sus pasos son inseguros, de un largo desigual y sin dirección.

Lo que puedes hacer para ayudarlo:

■ *Para animarlo a que practique el doblar la cadera y las rodillas, consíguele una silla que le permita sentarse por sí mismo sin caerse.*

■ *Evita accidentes vigilándolo constantemente.*

■ *Ofrécele libertad de movimiento, poniéndole riendas para que ande por donde prefiera, con seguridad.*

■ *Para que practique el movimiento de sus piernas, consigue una pelota grande y suave y patéala hacia él.*

Consíguele una silla firme
A tu pequeño le encantará subirse y bajarse de la silla; esto también le permitirá practicar el doblar y flexionar su cadera y rodillas. Escoge una silla firme.

18 MESES

Tu niña puede subir escaleras sin ayuda; pero necesita sostenerse. Su forma de caminar es más segura, sus pasos son más bajos, ya corre.

Lo que puedes hacer para ayudarla:

■ *Ayúdale a dominar al arte de doblar la cadera y las rodillas, lo que es esencial para una serie de movimientos.*

■ *Haz que practique la caminata hacia atrás utilizando juegos.*

■ *Para alentar una amplia variedad de movimientos, consíguele juguetes que pueda jalar y empujar.*

■ *Para enseñarle a levantar objetos ayúdala si se tiene que agachar.*

■ *Anímala a patear jugando fútbol suavemente con ella.*

Ejercita sus músculos de la cadera y rodillas
Enseña a tu bebé cómo agacharse para desarrollar sus músculos. Anímala a que te imite. Sosténla de las manos, mientras suben y bajan.

LOCOMOCIÓN

21 MESES

Tu pequeño ya puede recoger objetos sin caerse. Camina hacia atrás con facilidad; puede subir escaleras poniendo ambos pies en cada escalón, pero sin sostenerse; puede detenerse rápidamente y dar vuelta en las esquinas. También es capaz de jugar fútbol.

Lo que puedes hacer para ayudarlo:

■ *Para animarlo a realizar la variedad de movimientos que ya es capaz de hacer, deja que participe en la mayoría de tus actividades. Permite que haga cosas como subir escaleras, bailar, lavar tu cara.*

Amplía su rango de actividades
Tu pequeño está encantado con todo lo que haces y deseará imitar tus movimientos. Haz que participe en tus actividades.

2 AÑOS

Tu niña empieza a tener más ritmo y disfruta realizando movimientos relacionados con el baile. Puede correr, pero no puede disminuir la velocidad o dar la vuelta en las esquinas corriendo; puede agacharse con facilidad.

Lo que puedes hacer para ayudarla:

■ *Para incrementar sus movimientos rítmicos, baila con ella.*
■ *No esperes que corra alrededor de las esquinas o que se detenga, todavía no tiene fuertes los músculos que controlan la carrera y dar vueltas.*

Baila y canta
Realizar movimientos siguiendo una melodía es una actividad que tu niña disfrutará y que le proporcionará la práctica para realizar muchos movimientos.

2 Y MEDIO AÑOS

Tu niño puede saltar al mismo tiempo con sus dos pies, caminar de puntillas, se sostiene firmemente sobre sus pies como para cargar un objeto que pudiera romperse y puede sostener a un bebé sobre sus rodillas.

Lo que puedes hacer para ayudarlo:

■ *Alimenta su amor por la locomoción y refuerza sus músculos consiguiéndole un juguete que se mueva y se empuje.*
■ *Fomenta su agilidad con juegos para saltar y caminar de puntillas.*

Proporciónale un juguete que tenga movimiento
Dale un juguete con llantas para sentarse e impulsarse (todavía no puede usar una bicicleta).

3 AÑOS

Tu hija es una niña más ligera y desenvuelta. Puede subir las escaleras poniendo un pie en cada escalón, brincar desde el primer escalón, sostenerse en un pie durante un segundo, balancear sus brazos cuando camina y conducir un triciclo.

Lo que puedes hacer para ayudarla:

- *Brincar sosteniendo sus manos y saltando con un pie a la vez.*
- *Practica el balancear los brazos marchando con música.*
- *Para fortalecer sus músculos de la pantorrilla y la flexibilidad en sus pies, regálale un triciclo.*
- *Alienta la confianza física con juguetes móviles; por ejemplo un columpio, un sube y baja o una resbaladilla.*

Juega a brincar con ella
A tu niña le encantará saltar. Estos juegos también son buenos para liberar el exceso de energía.

4 AÑOS

Tu hijo se ha convertido en un niño muy activo y coordina muy bien sus movimientos. Corre, brinca, salta, escala y baja las escaleras rápidamente poniendo un pie en cada escalón. Inclusive puede llevar una taza con algún líquido y no lo derramará.

Lo que puedes hacer para ayudarlo:

- *Inventa actividades que dependan de la coordinación de los músculos. Debe ser capaz de brincar la cuerda y realizar una gran variedad de juegos físicos.*
- *Llévalo al parque o instala en tu jardín un juego de metal que pueda escalar, asegúrate que quede firme; le permitirá realizar muchas actividades musculares.*

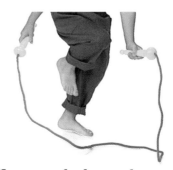

Haz que salte la cuerda
Todos sus músculos están trabajando juntos, por lo que podrá realizar una amplia variedad de movimientos. Asegúrate que juegue al aire libre.

5 AÑOS

La coordinación de tu hija se ha desarrollado, es capaz de realizar muchos movimientos: caminar en línea recta, bajar las escaleras alternando los pies, saltar la cuerda, subir las escaleras y disfrutar tanto juguetes como juegos que requieran movimientos rápidos.

Lo que puedes hacer para ayudarla:

- *Fomenta la aventura proporcionándole unos patines que le permitirán practicar diferentes movimientos; es muy probable que aprenda a usar estos juguetes en corto tiempo.*
- *Llévala al parque, a donde pueda usar columpios y estructuras de escalar; si tienes un jardín o un patio, instala columpios, pon cuerdas entre las ramas de los árboles y/o construye una casita.*

Anímala a aventurarse más
Proporciónale juguetes o equipo que pongan a prueba su coordinación y su habilidad para maniobrar. Cuida su seguridad, poniéndole ropa que la proteja.

MANIPULACIÓN

El bebé sostiene un cubo en la palma de su mano.

El niño más grande es capaz de utilizar con precisión el pulgar y los dedos.

El bebé nace con varios reflejos involuntarios desaparecerán antes de adquirir las habilidades para manipular objetos. El reflejo para "sujetar" las cosas que posee todo recién nacido, es tan fuerte que puede soportar su peso y es tan antiguo que apareció desde el tiempo en que éramos primates, y lo perderá antes de que pueda tomar algo y sostenerlo. El reflejo de "temor o sobresalto", que todos los recién nacidos tienen y que se manifiesta al separar los dedos de la mano como una estrella, debe ser superado para que un niño pueda usar un lápiz.

El recién nacido usa su boca como principal órgano para tocar. Más adelante, las yemas de los dedos reemplazarán a la boca. Durante el primer año, desarrollará la forma de coger las cosas y en lugar de sostener un cubo en la palma de su mano, podrá sujetarlo entre el pulgar y el dedo. Este logro nos distingue de las otras especies: ninguna otra tiene habilidades superiores a la nuestra para manipular las cosas. Otro paso importante es cuando tu bebé suelta un objeto con facilidad: los músculos para soltar están aprendiendo a trabajar en contra de los que sostienen, los dos grupos de músculos opuestos están trabajando juntos.

Puedes ayudar a tu bebé a adquirir y perfeccionar estas habilidades (que utilizará todos los días y que son necesarias si quiere ser independiente), llevando a cabo las actividades descritas en las gráficas.

Unas palabras sobre por qué los niños se tocan los genitales
Los bebés empiezan a estar conscientes de sus órganos genitales a fines del primer año y se los tocan sin ningún placer evidente. Con el tiempo, manipularlos les da una sensación agradable, es algo parecido a la masturbación. La mayoría de los niños se masturba, es normal. Acariciarse los genitales no lo volverá ciego, homosexual ni lo enfermará. No existe razón para enojarse o prohibirlo, pues el niño crecería sintiéndose culpable y lo haría en secreto. Si se masturba en público, es mejor distraer su atención en otra cosa en vez de regañarle.

"Un tren sin humo": alrededor de los dos años y medio, tu bebé podrá hacer esta estructura si le enseñas cómo.

"Un tren con humo": tu bebé no tendrá la capacidad para imitar esta figura hasta que tenga dos años y medio o más.

Torres: hasta que tu niño tenga por lo menos 18 meses, no será capaz de apilar tres o cuatro cubos. No es sino hasta los dos o dos años y medio que podrá construir una torre de entre cuatro y ocho cubos.

Torre de nueve o diez bloques: alrededor de los tres años, tu hijo podrá dominar la torre alta.

Los cubos son un juguete estupendo para todas las edades. Utilízalos también para evaluar el desarrollo de tu hijo.

"Puente": tu hijo no tendrá suficiente destreza para construirlo hasta los tres años y medio.

"Puente colgante": cerca de los cuatro años y medio, será capaz de emparejar estructuras más complejas, una vez que le hayas enseñado.

MANIPULACIÓN

RECIÉN NACIDO

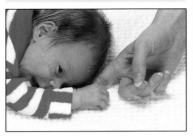

La mayor parte del tiempo, tu bebé mantiene sus manos apretadas; por su reflejo para "sujetar" se asirá con fuerza de tu dedo. Si la molesta un ruido repentino o un movimiento brusco, extenderá sus dedos siguiendo el movimiento de "sobresalto".

Lo que puedes hacer para ayudarla:

▣ *Tu bebé perderá su reflejo para "sujetarse" antes de que voluntariamente pueda sostenerse de algo. Prueba como se va perdiendo el reflejo dejándola que se sostenga de tu dedo y ve qué tan alto la puedes jalar.*

Prueba su reflejo para "sujetarse".
Déjala que se sostenga de tus índices y ve qué tan alto la jalas. Tras unas semanas, su "agarre" se debilitará.

4 SEMANAS

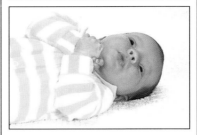

El reflejo para "sujetarse" se está desvaneciendo, pero tu bebé todavía mantiene las manos pegadas a su cuerpo.

Lo que puedes hacer para ayudarlo:

▣ *Para alentarlo a que relaje sus dedos, juega desdoblándolos uno por uno: "Este dedito compró un huevito, éste lo puso a cocer, éste lo pelo, éste le echó la sal y este gordo se lo comió".*

Abre sus dedos uno por uno
Realiza juegos en los que puedas abrir y separar sus dedos. Puedes hacer lo mismo con los dedos de sus pies.

6 SEMANAS

El reflejo para "sujetar" casi ha desaparecido por completo. Ahora, la mayor parte del tiempo, mantiene sus manos abiertas.

Lo que puedes hacer para ayudarla:

▣ *Haz que tu bebé esté consciente de sus manos; continúa jugando al "huevito", pero también hazle cosquillas en la palma de su mano y en las yemas con algo suave y peludo; dale masaje y frota sus manos.*

Haz que esté consciente de sus manos
Dale masaje y hazle cosquillas en sus manos y dedos. Frótalas con materiales de diferentes texturas.

8 SEMANAS

Las manos de tu bebé están más sueltas y abiertas, y empieza a estar más consciente de ellas.

Lo que puedes hacer para ayudarlo:
■ *Hazlo más consciente de sus manos usando toda clase de estímulos táctiles. Los objetos con diversas texturas son buenos.*
■ *Cuando pones algo en la palma de la mano de tu bebé, colócalo a lo largo siguiendo los pliegues. Ten en cuenta que las yemas de sus dedos son la parte más sensible de su mano.*

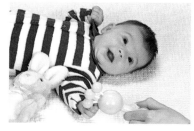

Haz que esté más consciente de sus manos
Deja que toque juguetes de diferentes texturas y materiales. El agua y el cabello son buenos para lograrlo.

12 SEMANAS

El reflejo para "sujetar" de tu bebé ya desapareció. Ahora mantiene sus manos abiertas y las observa. Sostendrá una sonaja si se le pone en la mano, durante unos cuantos minutos. Pareciera que quisiera sujetar las cosas.

Lo que puedes hacer para ayudarla:
■ *Para fomentar que sujete las cosas, dale una sonaja.*
■ *Juega con sus dedos mientras esté recostada sobre su espalda, de forma que pueda estudiarlos.*
■ *Dale algo que puede observar y alcanzar. Coloca un móvil sobre su cama o cuna para que intente sujetarlo o darle pequeños golpes.*
■ *Haz que siga experimentando varias sensaciones: como chapotear con sus manos en el baño o jugar con diferentes texturas.*

Dale algo que pueda sostener
Pon una sonaja en su mano y agítala unas cuantas veces. Le intrigará su textura y el sonido.

16 SEMANAS

Tu bebé empieza a tener sus manos y pies bajo control: mueve sus manos y pies al mismo tiempo, pone un pie sobre su rodilla y las plantas de sus pies sobre el colchón. Puede mover una sonaja pero no la puede recoger. Jugando, estirará su ropa hacia su cara.

Lo que puedes hacer para ayudarlo:
■ *Haz que alcance cosas presentándole objetos interesantes mientras esté acostado boca arriba o sentado sobre cojines.*
■ *Compénsalo cuando no haya podido alcanzarlos, asegurándote de darle el objeto; ríete cuando tenga éxito y él también se reirá contigo y se sentirá contento.*
■ *Para animarlo a hacer ruidos con sus manos, dale diferentes clases de sonajas.*

Muéstrale objetos interesantes
Ofrécele diferentes objetos para que pueda alcanzarlos, si no lo logra ponlos en sus manos.

MANIPULACIÓN

20 SEMANAS

Tu bebé ya encontró los dedos de sus pies y puede poner su puño en su boca. De hecho, pondrá en su boca todo lo que encuentre. Tratará de alcanzar objetos más grandes con ambas manos y sujetará objetos con el lado externo de su palma. Sujetará todo lo que esté a su alcance. Le encanta el papel arrugado.

Lo que puedes hacer para ayudarla:

■ *Para que abra sus dedos y suelte las cosas, juega a darle y quitarle cosas.*
■ *Incrementa el conocimiento de los dedos de sus pies poniéndoselos en la boca y jugando con ellos.*
■ *Dale pañuelos desechables para que juegue.*

Practica a darle y quitarle cosas
Juega a que le pones algo en su mano y después, abriendo sus dedos, retíralo. Puede ser que trate de alcanzar un biberón para comer por sí misma; trata de que te la devuelva.

24 SEMANAS

Los movimientos de tu bebé son más refinados y ya puede pasar un objeto de una mano a la otra. Si tiene un objeto en su mano, lo dejará caer para recoger otro. Puede sostener su biberón y sujetar.

Lo que puedes hacer para ayudarlo:

■ *Para alentar los movimientos de los dedos, dale alimentos que pueda meterse a la boca con las manos.*
■ *Empieza a enseñarle a comer por sí mismo con una cuchara.*
■ *Muéstrale como se pasa un objeto de una mano a la otra.*

Introdúcelo al mundo de la comida con los dedos
Los bísquets, rollos, rollitos de pan y cuadritos de queso son alimentos ideales para que fácilmente los tome y se los coma solo.

28 SEMANAS

Tu bebé sujeta un objeto con mayor precisión y lo alcanza con sus dedos. Puede pasar un objeto de una mano a otra, retiene un objeto si alcanza otro, golpea la mesa con sus juguetes, y se alimenta con una cuchara. Puede alimentarse a sí misma usando los dedos, siempre que se trate de alimentos sencillos, como un bísquet.

Lo que puedes hacer para ayudarla:

■ *Iníciala en el arte de comer por sí sola dejando que tome ella misma la comida de un plato. Deja que primero use sus dedos y después una cuchara.*
■ *Para ayudarla a sujetar las cosas, corta trozos más pequeños.*

Deja que siga alimentándose por sí misma
Deja que tu bebé progrese a su propio ritmo. Pon la comida en un plato con una cuchara al lado y deja que coma ella sola.

32 SEMANAS

A tu bebé le gusta hacer ruido golpeando sus juguetes. Ha mejorado sus movimientos por lo que ya puede rasgar el papel. Y sostener firmemente un objeto con sus dedos.

Lo que puedes hacer para ayudarlo:

◼ *Mantén su interés por el ruido dándole cucharas, cazuelas o un tambor de juguete para que lo golpee.*
◼ *Enséñale a recoger un cubo y déjalo que intente poner uno sobre otro.*

Dale algo con lo que pueda hacer ruido

Proporciónale cucharas de madera, ollas y sartenes de metal, o un tambor de juguete para que pueda hacer muchos ruidos.

36 SEMANAS

Los movimientos de tu bebé son más seguros y ha empezado a dejar de llevarse todo a la boca. Puede empezar a señalar con su dedo índice y recoger cosas pequeñas fácilmente. También puede juntar dos cubos y compararlos uno con el otro. Es capaz de recoger con sus dedos y su pulgar algo tan pequeño como un chícharo.

Lo que puedes hacer para ayudarla:

◼ *Enséñale que los cubos son del mismo tamaño colocándolos uno arriba del otro.*
◼ *Practica juegos donde tenga que señalar.*
◼ *Por lo menos una vez al día, haz una comida que pueda tomar con sus propias manos.*

Anímala a construir

Coloca bloques o cubos del mismo tamaño uno arriba del otro o uno al lado del otro para que los vea.

40 SEMANAS

Tu bebé puede recoger algo pequeño juntando su pulgar y su dedo índice, un gran logro. Busca objetos con su dedo índice y suelta las cosas deliberadamente. Ya casi es capaz de construir una torre con dos bloques y buscará constantemente juguetes ruidosos.

Lo que puedes hacer para ayudarlo:

◼ *Deja que practique a soltar las cosas poniéndole juguetes en su puño para que pueda aventarlos. Cuando suelte los objetos, prémialo.*
◼ *Anímalo a rodar una pelota hacia ti. Cuando esté sentado, hazla rodar entre sus piernas para que pueda atraparla.*

Demuestra el movimiento

Enséñale a meter y sacar objetos pequeños de un recipiente. Demuéstrale aprobación cuando te imite.

MANIPULACIÓN

44 SEMANAS

Tu bebé es capaz de soltar las cosas fácilmente y puede pasar largos periodos metiendo y sacando objetos de un recipiente. Sostendrá algo en sus manos para dártelo si tú tratas de alcanzarlo, y le gusta participar en juegos en los que tiene que aplaudir, como el de "Tengo manita, no tengo manita".

Lo que puedes hacer para ayudarla:

◼ *Aprender a soltar los objetos fácilmente es una maniobra complicada y requiere mucha práctica. Dale objetos pequeños que pueda meter y sacar de un recipiente.*
◼ *Juega a que le das cosas y se las quitas, sin forzarla a que las ceda.*
◼ *Emplea juegos que sean repetitivos y rítmicos.*

Proporciónale la práctica que necesita para soltar las cosas
Dale latas y una caja, cubos y una canasta, para que practique guardando y sacando objetos.

48 SEMANAS

Tu bebé ya es capaz de aventar las cosas deliberadamente. Ha dejado de ponérselas en la boca. También trata de sostener dos cubos en una de sus manos.

Lo que puedes hacer para ayudarlo:

◼ *Haz que practique el sostener más de un cubo, poniéndole dos en una de sus manos.*
◼ *Anímalo a comer más con su cuchara.*

Dale dos cubos para que los sostenga
Déjalo que se acostumbre a tener más de un cubo, aunque seguirá dejando caer uno o dos.

DE 1 AÑO A 13 MESES

Tu bebé se alimenta por sí misma cada vez más, y tira menos comida. Puede mover su mano para lograr poner la comida en su boca. Disfruta aventando cosas, puede hacer líneas con un lápiz y sostener dos cubos en una mano. Como ya domina el soltar objetos, puede construir una torre de dos cubos.

Lo que puedes hacer para ayudarla:

◼ *Para evitar que se desmoralice cuando derrame la comida, dale comida semilíquida.*
◼ *Dale una crayola para que la sostenga y mucho papel para que garabatee, exhibe sus dibujos.*

Ofrécele algo que pueda comer con una cuchara
Si le das alimentos sólidos que se adhieran a la cuchara, se sentirá animada a comer sola.

15 MESES

Tu pequeña puede tomar y sostener una taza, beber de ella y volverla a poner en su lugar sin derramar mucho líquido. Puede comer por sí sola con una cuchara y llevarla a su boca sin que se le caiga nada. Puede construir una torre de tres cubos, trata de hojear las páginas de un libro y ponerse alguna ropa.

Lo que puedes hacer para ayudarla:

■ *Deja que practique mucho en la construcción de torres.*
■ *Proporciónale libros y muéstrale cómo puede pasar las páginas.*
■ *Sé paciente cuando trate de vestirse ella misma y enséñale como ponerse los calcetines.*
■ *Hagan música juntas usando un instrumento sencillo.*

Pasa tiempo con ella construyendo torres

Tu pequeña ya puede arreglárselas para encimar tres cubos, practica la construcción de torres con ella.

18 MESES

Entre una variedad de movimientos, tu pequeña puede pasar de dos a tres páginas de un libro; le fascinan los cierres y otros broches. Puede comer por sí misma; posiblemente hasta usar una taza sin derramar nada. También le encanta pintar con los dedos y hacer garabatos.

Lo que puedes hacer para ayudarla

■ *La manipulación es difícil de dominar, así que haz que practique con objetos que requieran presión fina; utiliza juegos que tengan diversos elementos: perillas, discos de teléfono para marcar, y elevadores. O usa un libro con botones, cierres y broches de presión.*
■ *Proporciónale mucho papel y lápices de color o crayolas.*

Dale objetos que pueda manipular

Usa juguetes para practicar movimientos como dar vuelta, torcer, dar cuerda, marcar y deslizar.

2 AÑOS

Tu niña ya puede pasar las páginas de un libro, una a la vez. Se puede poner sus calcetines, zapatos o guantes. Puede girar una perilla para abrir una puerta, desenroscar tapas sueltas de un frasco, abrir y cerrar un cierre y manipular un lápiz. Puede construir una torre de cuatro cubos.

Lo que puedes hacer para ayudarla:

■ *Vestirse por sí misma incluye una variedad de movimientos sofisticados. Deja que elija su ropa y que practique vistiéndose y desvistiéndose. No le pongas pantalones con cierre.*
■ *A los músculos pequeños se les puede proporcionar más práctica usando juguetes que tengan que ser unidos, como los Lego.*

Anímala a que se vista sola

Si dejas que ella se vista y desvista cuantas veces quiera, le darás oportunidad de que realice delicados movimientos con los dedos.

MANIPULACIÓN

2 Y MEDIO AÑOS

Tu hijo puede ensartar cuentas y fácilmente abotonar un botón en un ojal grande. Puede ser capaz de ponerse y quitarse los pantalones, los chalecos y ocasionalmente las camisas. Sus dibujos son más representativos y puede construir una torre que tenga ocho cubos.

Lo que puedes hacer para ayudarlo:
◼ *Anímalo a hacer estructuras más complicadas usando juguetes para construir.*
◼ *Invierte en un caballete y ponle mucho papel, así como toda clase de materiales para dibujar y colorear.*

Estimula los movimientos más finos
Dale juguetes para construir que requieran presionar o ajustar las piezas con sus manos.

3 AÑOS

Tu niña puede dibujar una imagen reconocible, abrochar y desabrochar botones. Si quiere, puede vestirse y desvestirse sola. Puede construir una torre de 9 cubos. Está empezando a tratar de usar las tijeras, un gran paso por lo que se refiere a la coordinación del cerebro y los músculos, y a la destreza manual.

Lo que puedes hacer para ayudarla:
◼ *Dale tareas que requieran flexibilidad.*
◼ *Dale figuras que sean difíciles de pintar; fíjate que no se salga de la raya.*
◼ *Introduce modelos sencillos que pueda realizar.*

◼ *Enséñale a usar títeres.*

Pon la destreza a trabajar
Haz que tu niña te ayude con tareas sencillas que requieran un número de movimientos coordinados.

4 AÑOS

Tu hijo puede copiar un círculo muy bien si le enseñas cómo hacerlo. También puede copiar dos líneas rectas que se crucen en ángulo recto. Ha mejorado mucho con las tareas finas; por ejemplo, puede poner adecuadamente la mesa, lavar su cara y manos, hacer su cama y arreglar su ropa.

Lo que puedes hacer para ayudarlo:
◼ *Dibuja un figura sencilla y pídele que la recorte en pedazos y que los vuelva a poner juntos como si fuera un rompecabezas.*
◼ *Armen rompecabezas sencillos.*
◼ *Escribe el nombre de tu hijo y deja que trate de copiarlo si quiere, preparándolo para que pueda controlar el lápiz y más tarde escribir.*
◼ *Dibuja un hombre incompleto y pídele que lo complete.*
(Ver página 112.)

Fomenta los movimientos pequeños
Ya puede manipular pequeños objetos, pero requiere práctica: dale juguetes chicos que pueda arreglar.

SOCIABILIDAD

Cuando los bebés llegan a este mundo están formidablemente equipados para interactuar con sus padres; poseen los instintos sociales para transmitir mensajes y relacionarse con ellos.

En otras palabras, tanto los padres como el recién nacido están listos para una relación "entre dos" que es la base de cualquier interacción social. Por contraste, cuando el bebé se involucra con un juguete, es un asunto que sólo requiere la acción de "uno", y el bebé lo sabe. Los juguetes pueden darle gusto, pero él no puede darle gusto a los juguetes. No existe la retroalimentación que nutre una relación cálida y continua. Los bebés buscan algo o a alguien que se interese y preocupe por ellos y sólo las personas pueden hacerlo; particularmente los padres, por un interés amoroso, pueden convertir a un bebé en un ser social.

Buscar una respuesta en otros es evidente en todos los bebés y, si queremos que nuestros hijos crezcan como adultos abiertos y amorosos, debemos cumplir con sus demandas desde el principio. Haciéndolo, los convertimos en niños capaces de dar respuesta a otros, de ser amigables, desenvueltos y afectuosos; si los ayudamos serán niños bienvenidos y amados por otros. La relación de un niño con sus padres, y en primera instancia con su madre, es la pauta para otras relaciones. Los niños se hacen seres sociales imitándonos.

Primero imitan las expresiones faciales, después patrones de conducta. En un corto lapso, es decir en el primer año, muchos rituales sociales básicos se adquieren y aprenden de los padres, quienes ahora tienen la responsabilidad de estar más conscientes respecto a estas cuestiones. Los bebés responden a las voces humanas desde su nacimiento, momento en el que debes empezar a hablar con él y nunca dejar de hacerlo.

SOCIABILIDAD

RECIÉN NACIDO

Tu bebé quiere escuchar, ver y responder a tus movimientos. Mueve la cabeza, balbucea, mueve la boca, saca la lengua y agita su cuerpo.

Lo que puedes hacer para ayudarla:

▪ *Asegúrate de que tenga contacto frecuente con tu piel, esto es de vital importancia para establecer un vínculo social.*

▪ *Entabla una "conversación" con ella, respondiendo a todas sus reacciones, pues esto la animará a "responderte".*

Establece lazos de unión
Los bebés responden a la crianza inmediatamente. El vínculo se basa en el contacto.

12 SEMANAS

Tu bebé volteará su cabeza hacia donde sale tu voz y te sonreirá dándote la bienvenida. Expresa que está a gusto sonriendo, pateando y moviendo sus brazos.

Lo que puedes hacer para ayudarla:

▪ *Muchas de las primeras impresiones que tiene tu hija provienen de la alimentación, ya sea de biberón o pecho. Mírala para que pueda experimentar el contacto social, así como el placer de ser alimentada.*

▪ *Tu bebé aprenderá que ser amigable se recompensa si tú respondes con interés, amor, caricias y ruidos que la consuelen y calmen. Un niño a quien se le sonríe, responderá con sonrisas.*

Ten contacto visual
Para que la alimentación sea un tiempo de intimidad física, sostenla, mírala a los ojos y háblale.

16 SEMANAS

Tu bebé mirará y se reirá con gente que le hable o juegue con él. Ya te conoce a ti y a otros miembros de la familia. No le gusta quedarse solo con un juguete por mucho tiempo y llora. Dejará de llorar si acudes a él y agitará su cuerpo anticipando el momento en que llegues.

Lo que puedes hacer para ayudarlo:

▪ *Hazle caras a tu bebé para que vea que lo estás atendiendo. Míralo y exagera todas tus expresiones faciales y gestos.*

▪ *Imita todo lo que tu bebé hace, pero de manera exagerada.*

▪ *Pasa la mayor parte del tiempo jugando con él. El canto y los juegos rítmicos lo animarán a producir algunos sonidos.*

Sobreactúa tus respuestas
Usa gestos exagerados cuando le respondas para que pueda ver que le estás haciendo caso.

20 SEMANAS

Tu bebé muestra timidez al voltear; pero le sonreirá a la gente cercana. Se puede comunicar de cuatro maneras: llorando, con sonidos, con expresiones faciales y mohínes. Distingue entre una voz amigable o enojada y reaccionará en forma diferente a las sonrisas y a los regaños.

Lo que puedes hacer para ayudarla:

■ *Imita todos los sonidos de tu bebé variando el tono.*
■ *Si tu bebé es un "escucha", haz que se interese en sonidos sutiles. Toca música suave, estruja pañuelos desechables, acciona pequeñas campanas y coloca un móvil de vidrio cerca de su cama.*
■ *Presenta a todos los visitantes con tu hija para que se acostumbre a los extraños.*

Llama su atención
Si a tu bebé le gusta escuchar más que responder, haz ruidos sutiles que le llamen la atención.

24 SEMANAS

Tu bebé está logrando avances. Responde con gestos y palmadas. Puede explorar tu cara tratando de decir "Hola" o para mostrar interés. Puede temer a los extraños y demostrará su sentido de posesión colgándose y sosteniéndose de ti.

Lo que puedes hacer para ayudarlo.

■ *Si tu bebé ya conoce algunos movimientos, enséñale otros. Cuando vas a levantarlo, extiende tus brazos y él te imitará.*
■ *Gesticula mucho y sube el tono de tu voz. Espera que él copie lo que tú haces.*
■ *Sigue presentándole personas y dale tiempo para que se adapte a ellas.*

Fomenta los gestos nuevos
Responde a sus gestos de varias maneras para que aprenda muchas respuestas.

28 A 36 SEMANAS

Tu bebé mirará, alcanzará y tocará a otro bebé. Querrá participar en juegos como "La mocita, la peloncita". Para que lo entiendan, toserá, llorará y hará burbujas; las expresiones faciales se acompañarán con otros gestos de la conversación.

Lo que puedes hacer para ayudarlo:

■ *Proporciónale afecto físico. Alienta el que tenga que "tocar" y juega teniendo contacto físico.*
■ *Si tu bebé balbucea mucho, imita su voz. Luego haz un nuevo sonido y espera a que te conteste. Aprenderá que el sonido significa comunicación.*
■ *Anímalo a ser independiente a través de la autoalimentación.*
■ *Repite la palabra "No" firmemente para que entienda el significado.*

Dale mucho cariño
Trata de aprovechar las oportunidades que tengas para tocarlo y deja que él te toque.

SOCIABILIDAD

37 SEMANAS A 1 AÑO

Tu bebé conoce su nombre y entiende la palabra "No". Tiene sentido del humor y le encanta hacerte reír. Demuestra mucho cariño presionando su cara y su cabeza con la tuya. Puede recordar algunos rituales sociales como "adiós" y besar. Si se le quita un juguete, se enojará mucho.

Lo que puedes hacer para ayudarlo:

■ *Ríe para decirle que lo apruebas y desarrolla su sentido del humor e interacción social con juegos y cuentos, risas y bromas.*
■ *Preséntalo con otros bebés y ocasionalmente déjalo con otras personas que no conozca bien. Un bebé se volverá dependiente de una persona si no hay alguien más que lo pueda cuidar, y se volverá inseguro.*

Enséñale rituales sociales
Cuando te vayas, asegúrate de besarlo y decirle "adiós"; cuando llegues, dale un saludo especial.

12 A 15 MESES

Tu bebé disfruta las reuniones sociales y seguirá las conversaciones haciendo ruidos cuando los demás se callen. Puede decir una o dos palabras con significado, pedir cosas, dar gracias, y reaccionará al escuchar la palabra "No". Trata de ayudar en diversas actividades.

Lo que puedes hacer para ayudarlo:

■ *Coloca a tu bebé de forma que pueda participar en eventos sociales. Colócalo cerca de las personas.*
■ *Tu hijo puede mostrar temor o disgusto ante extraños. Acostúmbralo a que se quede con otros para fomentar su independencia.*
■ *Enseñarle a decir "Gracias".*
■ *Tómalo de la mano y sosténlo para mantener el equilibrio.*

Intégralo
Involucra a tu bebé en las actividades y asegúrate que tenga un lugar cerca de la acción.

15 A 18 MESES

Tu hija ayuda más con algunas tareas. Les demostrará amor a los miembros de la familia, las mascotas y las muñecas. Demuestra un interés creciente hacia los adultos y quiere imitarlos. Disfruta las reuniones sociales. Juega cerca de otros niños, pero no con ellos.

Qué puedes hacer para ayudarla:

■ *Desarrolla su instinto de cooperación con tareas sencillas.*
■ *Permite que se ponga algo de su ropa.*
■ *Preséntala con otros niños. Se sentirá motivada a establecer relaciones amigables, debido al placer que le produce su relación contigo. Anímala a tener un comportamiento amoroso.*

Anímala a expresar amor
Felicítala cuando demuestre cariño y preocupación por otros: hermanos, parientes, mascotas o juguetes.

18 MESES A 2 AÑOS

Tu hija puede tratar de llamar la atención con recursos como asirse a tu brazo, hacer cosas prohibidas y a menudo desobedecer. Sin embargo, se pelea menos y coopera más con otros niños.

Lo que puedes hacer para ayudarla:

▢ *Involúcrala con niños, haz que juegue con ellos y proporciónale toda clase de materiales de juego.*
▢ *Evita la rivalidad apreciando los logros de tu hija. Alaba lo relacionado con compartir.*
▢ *Responde a sus tretas para llamar la atención. Las tácticas para distraerla pueden ser útiles, pero trata de evitar las situaciones negativas.*

Ayúdala a entender el concepto de compartir
Dale los medios para interactuar. Haz que juegue en grupo y comparta.

2 A 2 Y MEDIO AÑOS

A tu hijo se le puede dificultar compartir con otros y demostrará sentimientos de rivalidad. Tratará de imponer su voluntad. Quiere ser independiente, pero busca la aprobación de los adultos. Puede reaccionar a la autoridad haciendo berrinches, que deben ser ignorados.

Lo que puedes hacer para ayudarlo:

▢ *Apoya sus esfuerzos. No le des importancia a los fracasos y enséñale a sortear las dificultades.*
▢ *Enséñale buenos modales y respeto por la propiedad privada. Sé consistente respecto a reglas inviolables como las relacionadas con la seguridad personal.*
▢ *Utiliza en ocasiones la disciplina pero sé justa; disciplinar a los niños en exceso o ser demasiado flexible puede llevar a problemas de comportamiento.*

Haz que compartir se convierta en juego
Inicia juegos incluyan dar y aprenderá a compartir.

3 AÑOS

Tu hija se ha vuelto más independiente y más abierta hacia otros niños. Una actitud no egoísta puede empezar a florecer y se pueden formar amistades firmes con otros adultos y niños. Mostrará signos de simpatía cuando alguien tenga un problema y será más generosa.

Lo que puedes hacer para ayudarla:

▢ *La ausencia de egoísmo nace de ser un miembro del equipo, así que anima a tu hija a participar con toda la familia en casa.*
▢ *Muéstrale que aprecias lo que hace, siempre que te sea posible.*
▢ *Nunca es demasiado pronto para introducir la necesidad de decir la verdad y ser honesto. Premia la verdad aun cuando el problema está relacionado con una mala conducta. NUNCA castigues la verdad.*

Anímala a jugar con otros
Compartir fomenta la aceptación social y la generosidad. Promueve las relaciones sociales de tu hija.

CONTROL DE LA VEJIGA

No existen dos niños que logren controlar la micción a la misma edad. Pensar que un niño debe mantenerse seco cuando tú crees que es tiempo de que lo haga, es una idea absolutamente equivocada; el momento justo es cuando tu hijo esté listo y por estar listo quiero decir cuando el cerebro, los nervios y los músculos estén perfectamente desarrollados. Los nervios y los músculos correspondientes están listos de los 15 a los 18 meses. Así que, por favor, por el bienestar de tu hijo, no esperes que con sólo sentarlo constantemente en su orinal obtendrás grandes resultados antes de esta fecha. De hecho, nunca se debe obligar a un niño a sentarse en el excusado, ya que esto simplemente logrará que tu hijo se rehúse a hacerlo (y él siempre gana) y posiblemente sea la causa de que se presenten otras dificultades más adelante; por ejemplo, accidentes frecuentes y/o que moje la cama.

Los accidentes son frecuentes en todos los niños. Lo que los padres deberían recordar es que un niño apenas puede retener la orina durante un segundo antes de los 15 meses de edad. Así que aunque te avise que quiere hacer pipí, no podrá aguantarse lo suficiente para que alcances un baño. La forma en que retiene la orina o no la retiene tiene que ver con un incremento natural en la frecuencia urinaria y se da cerca de los 21 meses, por lo que antes de eso, nadie puede hacer nada; y menos que nadie tu bebé. Cerca de los dos años y medio, tu bebé podrá retener la orina hasta cuatro o cinco horas.

A partir de los 12 meses, los bebés atraviesan un estado de negación, así que, si se les fuerza a hacer algo en contra de su voluntad, simplemente se rehusarán a cumplir la orden. Los intentos decididos y a veces exagerados de parte de los padres para entrenar a sus hijos a ir al baño pueden resultar un fracaso total. Mucho más si se tiene a toda la familia observando cuidadosamente sus esfuerzos en el excusado. A un niño le encanta que su mami esté cerca de él, sabe perfectamente bien que un accidente provocará una confusión total en toda la casa, así que repetirá su actuación varias veces al día para llamar la atención.

CÓMO EVITAR PROBLEMAS AL ENSEÑAR A USAR EL ORINAL

□ Es más probable que se presenten los problemas si estás decidida a entrenar a tu hijo a temprana edad; la mayoría de las molestias con el control de la vejiga se deben a que se fuerza al niño a sentarse en el orinal y evacuar, utilizando la disciplina para cumplir tus deseos. No te entusiasmes demasiado al enseñarle a tu hijo a ir al baño.

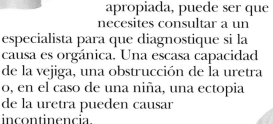

□ Deja que tu hijo siga su propio ritmo; no existe ninguna forma en la que puedas acelerar el proceso —estás allí sólo para ayudarlo.

Lo que puedes hacer es actuar rápidamente cuando tu hijo te dé señales de que quiere hacer pipí y asegurarte que tienes a la mano su orinal.

□ Ayuda a tu hija a mantenerse seca durante la noche evitando que tome bebidas dos horas antes de irse a dormir, y llevándola a orinar antes de irse a la cama.

□ Si crees que tu hijo no está aprendiendo a controlar su vejiga a la edad más o menos apropiada, puede ser que necesites consultar a un especialista para que diagnostique si la causa es orgánica. Una escasa capacidad de la vejiga, una obstrucción de la uretra o, en el caso de una niña, una ectopia de la uretra pueden causar incontinencia.

CONTROL DE LA VEJIGA

1 AÑO

Tu bebé vacía su vejiga involuntariamente y no tiene ningún control sobre ella. Después de comer, es muy común que moje los pañales.

Lo que puedes hacer para ayudarlo:

☐ *Para empezar, no pienses que el orinal es un excusado. Considéralo un juguete.*

☐ *Deja que tu bebé "juegue" con su orinal, poniendo cosas dentro, sacándolas, poniéndoselo de sombrero, etc.*

☐ *Gradualmente puedes empezar a sentar a tu hijo en el orinal durante unos momentos, una vez que sea capaz de sentarse por sí solo.*

☐ *No esperes nada, ni lo dejes sentando mucho tiempo, pero si hace un poco de pipí, aliéntalo.*

Haz que se familiarice con el orinal

Tu bebé no será capaz de controlar su vejiga pero puedes familiarizarlo con el orinal.

13 MESES

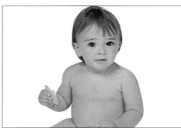

Si la sientas en el excusadito después de haber comido, puede ser que tu hija tenga éxito al usarlo. Pero todavía le falta mucho para poder controlar su vejiga.

Lo que puedes hacer para ayudarla:

☐ *No esperes que ella sea capaz de controlar la orina. Sigue el ritmo de tu hija.*

☐ *Puedes animarla a sentarse en el excusadito después de cada comida durante unos cuantos minutos, pero esto no quiere decir que ella necesite hacerlo.*

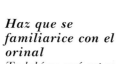

15 MESES

Tu hijo percibe la urgencia de hacer pipí, puede llamar tu atención con un sonido o señalar su pañal, pero no puede retenerla más de un segundo.

Lo que puedes hacer para ayudarlo:

☐ *Sigue la pauta que marque tu bebé. Pregúntale ocasionalmente si quiere ir al baño. La respuesta "No" es confiable.*

☐ *Tu bebé no podrá retener la orina por mucho tiempo, así que si tiene un accidente dile que no tiene importancia.*

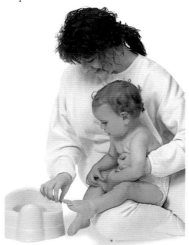

Pregúntale si quiere sentarse en el orinal

Cuando pienses que puede usar el baño, pídele que lo haga. No te lamentes si dice que "No".

18 MESES

La vejiga y los nervios de tu hija están bien desarrollados ahora, puede avisar con anticipación pero sólo puede aguantarse unos cuantos segundos. Puede ir ganando unos cuantos segundos al día.

Lo que puedes hacer para ayudarla:

▣ *Alaba todos sus éxitos e ignora sus fracasos completamente.*
▣ *No esperes que tu hija permanezca seca toda la noche, ya que la capacidad de su vejiga todavía no es suficientemente grande.*

Alaba todos sus éxitos

Cada vez que tu hija use el orinal exitosamente asegúrate de que sepa que hizo algo muy bueno y que te da mucho gusto.

21 MESES

Alrededor de esta época, tu pequeño puede orinar con más frecuencia. Esto es natural, por lo que también aumenta la frecuencia de los accidentes.

Lo que puedes hacer para ayudarlo:

▣ *Tómalo con filosofía. No lo dejes mucho tiempo sentado en el orinal.*

Ignora completamente los fracasos

Cuando tu hijo tenga un accidente, sólo cámbialo de ropa sin hacer alboroto.

2 AÑOS

Tu bebé se siente muy orgullosa de su habilidad para ir al baño sola. Puede ser que te exija que la dejes sola cuando está en el orinal.

Lo que puedes hacer para ayudarla:

▣ *Si quieres que use el excusado, asegúrate que puede alcanzarlo fácilmente, que el asiento no sea demasiado grande para ella y que el cuarto siempre esté bien iluminado.*
▣ *Dale a tu bebé toda la libertad y apoyo que necesite. Deja que cometa sus errores; esto afianzará su independencia y orgullo y hará que tenga más control.*

Ayúdala a ser independiente

Asegúrate de que puede alcanzar el excusado sin ayuda y que puede acomodarse bien en el asiento.

CONTROL DE LA VEJIGA

2 Y MEDIO AÑOS

Tu bebé está tan segura de sí misma que te pide que ya no le pongas el pañal durante el día y es capaz de mantenerse seca casi todo el tiempo.

Lo que puedes hacer para ayudarla:

■ *Si te lo pide, sustituye sus pañales por calzones entrenadores.*
■ *No esperes que se mantenga seca en la noche o no tenga accidentes.*

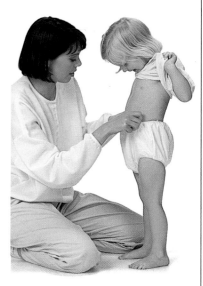

Ponle calzones de "entrenamiento"
Hay calzones especiales para entrenar a los niños y que proporcionan más protección que los pañales.

3 AÑOS

Tu hija puede mantenerse seca durante la noche si la llevas al baño antes de ir a la cama.

Lo que puedes hacer para ayudarla:

■ *Llévala al baño antes de ir a la cama.*
■ *Si se mantiene seca durante tres noches consecutivas, intenta dormirla sin pañal.*
■ *Coloca un orinal al lado de su cama para que lo use.*

Ayúdala a mantenerse seca
Además de poner un orinal cerca de su cama, continúa protegiendo su cama con una sábana de plástico durante algún tiempo.

SUGERENCIAS

■ *Las niñas tienen control de su vejiga e intestinos a más temprana edad que los niños. La mayoría de los bebés se mantendrán secos un poco antes o después de la edad promedio.*

■ *Cerca de los 18 meses, la mayoría de las niñas se mantienen secas durante el día; a los dos años y medio se mantendrán secas durante la noche; dale seis meses más a los niños; a los tres años, tres cuartas partes de los niños se mantienen secos durante día y noche; a los cinco años el 90% están secos durante el día y la noche. Así que uno de cada diez niños todavía estará mojando la cama a los cinco años; esto es normal.*

■ *El desarrollo del control de la vejiga puede acelerarse pero no puede hacerse más lento. La causa más común para un control lento del esfínter es un padre obsesivo y autoritario. La segunda causa es un padre que no se preocupa.*

■ *Es un gran error pensar que tu hijo se rehúsa a ir al baño sólo por molestar. El comportamiento de los padres lo ha orillado a ser de esa manera. Por favor no lo presiones y NUNCA lo golpees.*

■ *Una capacidad pequeña de la vejiga (no puede esperar lo suficiente) puede ser la causa de accidentes y a menudo es hereditaria; lo más probable es que uno de ustedes se la haya transmitido a tu hijo.*

■ *Si tu niño ya se mantiene seco y después empieza a mojarse, la raíz del problema es un alto nivel de ansiedad. Las causas más comunes son producto de la separación o problemas de sus padres y tensión en la familia.*

CONTROL DEL INTESTINO

El control de los intestinos generalmente se presenta antes que el de la vejiga, pero existen muchas variables. En el caso de algunos bebés pareciera que la transición de una evacuación inmediata después de una comida a una evacuación voluntaria, es suave y tranquila; está totalmente bajo su control. Por otra parte, otros niños pueden no mostrar algún signo de control hasta después de los dos años. Es por eso que el rango relativo a lo que es normal es muy amplio. También hay un amplio rango, de los 12 meses a los dos años y medio, durante los cuales los niños pueden jugar con los excrementos y embarrarlos. Esto se debe a que los niños están fascinados con lo que sale de su cuerpo y no porque tengan hábitos sucios. Recuerden esto y traten de distraerlos; nunca los regañen por algo que es natural.

A los niños les encanta ser el centro de atención manipulando a sus padres con el control de su vejiga, y —cuando los padres son obsesivos— rápidamente aprenden a usar todo el proceso del control intestinal (sentarse en el orinal y tener evacuaciones), como algo con lo que pueden reclamar tu atención y preocupación. Tu hijo aprende rápidamente a que mami y papi armarán un gran alboroto si NO evacúa, así que tú puedes estar fomentando el estreñimiento en tu hijo por tu propio comportamiento. Entre más escándalo hagas, más fascinado estará tu hijo porque tendrá mayor control sobre ti. Lo mismo que en el caso del control de la vejiga, tu papel es dejar que tu hijo desarrolle su propio ritmo y de manera ligera. No te entusiasmes demasiado tratando de que use el orinal, pero anímalo cuando se mantenga limpio.

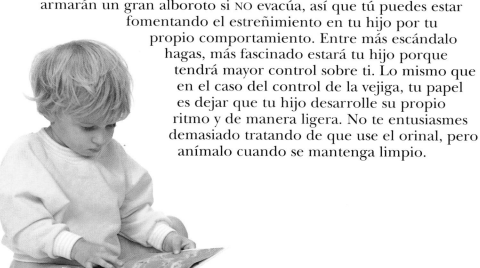

CONTROL DEL INTESTINO

15 A 18 MESES

Tu bebé evacua después de comer, por un reflejo gastro-intestinal. Todavía no está lista para usar el orinal, pero de vez en cuando podrás lograr que evacue después de comer.

Lo que puedes hacer para ayudarla:

■ *Es muy pronto para que tu bebé empiece a usar el orinal, pero acostúmbrala a sentarse en él.*

■ *Tan pronto como tu bebita se pueda sentar, haz que se siente en el orinal después de las comidas.*

■ *Nunca la dejes mucho tiempo y si se aburre, permítele levantarse.*

■ *Dile "bien hecho" sin importar si evacuó o no.*

Acostúmbrala al orinal
Cuando sea capaz de sentarse, ponla en el orinal después de comer y durante el tiempo que ella quiera, pero no más de unos minutos.

18 MESES A 2 AÑOS

Tu bebé se siente feliz y relajado cuando se sienta en el orinal o juega con él.

Lo que puedes hacer para ayudarlo:

■ *Siempre deja que entre al baño contigo, para que pueda imitarte.*

■ *Anímalo a sentirse feliz y relajado, haciendo lo que él quiera.*

Deja que te acompañe al baño
No desanimes a tu hijo cuando quiera ir al baño contigo. Imitará tus acciones una vez que esté listo para evacuar voluntariamente.

2 A 2 Y MEDIO AÑOS

El deseo de tu hija de estar limpia y ser independiente es importante, pero deja que ella te dé la pauta a la hora de usar el orinal.

Lo que puedes hacer para ayudarla:

■ *Anima a tu hija después de una noche en que se haya mantenido limpia, aunque todavía moje la cama.*

■ *No te presiones demasiado para que se mantenga limpia. Espera a que ella te dé señales o que lo pida.*

Anímala si se mantiene limpia
El control intestinal a veces se da antes que el vesical, es importante diferenciarlos y animar a tu hija cuando logre cualquiera.

2 Y MEDIO A 5 AÑOS

Tu niña ya puede controlar y retener sus evacuaciones, así que tiene tiempo suficiente para llegar al baño sin tener un accidente.

Lo que puedes hacer para ayudarla:

◼ *La mayoría de los niños se mantienen limpios a los cinco años de edad, pero no todos son iguales.*
◼ *Vístela con ropa fácil de quitar cuando tenga que usar el baño.*

No la fuerces; no hagas mucho escándalo

La mayoría de los niños tendrán algún accidente, aunque ya sepan controlar los esfínteres; si ocurre, no armes alboroto.

SUGERENCIAS

◼ *Los niños que son amamantados pueden evacuar con menos frecuencia; esto es normal y no se trata de estreñimiento, siempre y cuando el excremento sea suave.*

◼ *Los padres consideran importante que su niño evacue diariamente, pero no es así.*

◼ *El padre cuyo niño retiene los excrementos, a menudo es aquél que examina el orinal para ver si lo que hizo su hijo fue suficiente.*

◼ *Si alguna vez te vieras a ti misma sosteniendo a un niño que patea y grita mientras pretendes sentarlo en el orinal, simplemente desiste.*

◼ *El estreñimiento es común entre los niños a los que los obligan a ir al orinal cuando no quieren hacerlo.*

◼ *Si tu bebé ya logró el control de sus intestinos y después lo perdió, la causa puede ser psicológica.*

◼ *El estreñimiento crónico en un niño, paradójicamente, puede presentarse como diarrea, ya que los intestinos secretan fluido extra para expulsar el excremento.*

◼ *Ensuciarse con los excrementos parece asociarse con tensión en el hogar.*

◼ *No demuestres ningún disgusto por las heces de tu hija. Ella considera que usar el orinal es un logro y se siente orgullosa.*

◼ *Ensuciarse con los excrementos puede llegar a ser una condición psicológica, en niños a quienes se ha entrenado a ir al baño a fuerza.*

◼ *La regla de oro es no forzarlos, no hacer escándalo.*

PERSONALIDAD

Para ser felices, nuestros hijos tienen que hacer los ajustes correctos en lo personal y lo social. En una cultura como la nuestra, donde la vida social es muy compleja, la personalidad es importante.

Es importante que los padres entiendan que la personalidad de su hijo depende más de lo que su hijo aprende de ellos que de cualquier otra cosa que haya podido heredar. La teoría del "chip que heredamos y que llevamos en nuestro cerebro" es obsoleta. Esto quiere decir que los padres deben asumir la responsabilidad de la formación de sus hijos y, por lo tanto, deben cuidar el desarrollo de sus rasgos, mismos que les servirán más adelante en la vida.

Muchos rasgos de la personalidad de tu hijo afectarán sus proyectos futuros, tales como la capacidad para relacionarse con la gente y llevarse bien, aprender de los errores; preparar el terreno para trabajar duro; poder observar y concentrarse; la capacidad de ser creativo, cabal, decidido y ambicioso. Todo esto ayudará a un niño. Por el contrario, la pereza, la incapacidad para concentrarse o expresarse, el pensamiento lento harán que tu hijo se vaya quedando atrás. Los padres influyen profundamente en la adquisición de estos rasgos y pueden hacer mucho para reforzar las características del recién nacido, como pudieran ser la independencia, la capacidad para responder, y la confianza en sí mismos.

Los padres también son responsables de influir en sus hijos, a propósito o sin proponérselo, con los rasgos de su propio carácter. Un padre impaciente rara vez tendrá un hijo paciente; un niño difícil generalmente tiene un padre difícil. Un niño difícil con frecuencia está respondiendo a un escenario familiar difícil. Un padre tranquilo es poco probable que tenga un hijo difícil. Recuerda que la vida entera de tu hijo se moldea en los primeros años, es más, en los primeros meses. Si las necesidades básicas de tu niño están cubiertas y él recibe mucho amor, atención y estimulación, entonces lo más probable es que crezca siendo una persona feliz.

RECIÉN NACIDO A 36 SEMANAS

Desde el momento en que nace, tu bebé mostrará una personalidad independiente. Puedes discernir lo anterior observando sus actividades básicas. Rara vez llora, aun si está cansado, y es tranquilo y feliz. O puede llamar tu atención llorando, y hacerte saber el momento en que tiene hambre, está cansado o aburrido. También puede ser activo y decidido. Cuando lo alimentas, puede tomar el pecho o el biberón, succionar y quedar satisfecho. O puede ser que tenga dificultad para tomar del biberón, succiona sólo durante un minuto, se alborota, llora, grita y te pone de malas. Puede tolerar el hambre, ser paciente y quedarse quieto cuando lo estás alimentando; o puede ser impaciente y volver el estómago después de haber comido.

Duerme la mayor parte del día y rara vez despierta malhumorado. Puede estar despierto durante horas, dejar de hacer la siesta desde pequeño, requerir más compañía y juegos y rehusarse a que lo dejes solo. Puede ser social y gustar de la compañía, las caricias, los juguetes y la gente. O puede no serlo. Aparentemente rechaza la mayoría de las cosas.

Lo que puedes hacer para ayudarlo:

■ La confianza, calidez y facilidad para ser desenvuelto son características que se desarrollan en los primeros meses. Enseña a tu bebé formas para relacionarse con la gente. Sé POSITIVA en lo que haces, y ABIERTA en lo que expresas.

■ Tu herramienta más importante es tu sonrisa. Con ella puedes demostrarle placer, aprobación, amor y alegría. La siguiente es tu voz. Los bebés son sensibles a los tonos de voz. Evita los tonos agudos y negativos, y usa tonos cariñosos.

■ El contacto corporal es tan importante como las demostraciones físicas de cariño.

■ Aliéntalo constantemente, prémialo, alábalo, dale tu aprobación. Usa su nombre dentro de un contexto amoroso. Dile "Te quiero". Refuerza todos sus rasgos buenos con alabanzas y palabras de aliento.

■ Contesta sus solicitudes de atención; si no lo haces, tu hijo pensará que no es importante y dejará de pedirte cosas. Míralo a los ojos; gesticula y acarícialo mucho.

■ No seas negativa; utiliza técnicas de distracción para vencer sus actitudes negativas.

38 SEMANAS A 18 MESES

Tu bebé es una personita que es más ella misma, demostrando que es seria, sensible, independiente, sociable, irritable, traviesa, decidida, capaz de concentrarse, curiosa, impaciente, etc. Una vez que ha cumplido el año, demostrará qué tan decidida e independiente es pasando por una etapa de negativismo, volviéndose impaciente, de temperamento irritable y poco cariñosa. Pero a los 15 meses surgirá una nueva etapa en la que será más considerada y cooperativa, por lo que demostrará un deseo de agradar. Buscará tu aprobación y se sentirá desolada cuando desapruebes lo que hizo.

Lo que puedes hacer para ayudarla:

■ Sé flexible en todo y nunca utilices la fuerza. No critiques, no seas hostil. Nunca hagas que tu niña te tenga miedo. Enséñale la paciencia a través de la tolerancia, nunca la ridiculices, no hagas que tu pequeña se sienta avergonzada, no dejes que se sienta celosa, o aprenderá a sentirse culpable.

■ Acéptala tal como es, y aprenderá a amar. Si la animas será una niña agradecida; si expresas tu aprobación, se gustará a sí misma. Si reconoces sus esfuerzos, se fijará sus propias metas; si eres justa, valorará la justicia; si eres sincera, aprenderá a ser honesta; si le das seguridad, tendrá fe en sí misma y en otros.

PERSONALIDAD

18 MESES A 2 AÑOS

Tu pequeña puede querer ayudar a otros y hacer todo por sí misma, o puede querer que se le haga todo. Puede ser poco precavida o cuidadosa; imaginativa o con los pies bien puestos sobre la tierra; aceptar las críticas fácilmente o ponerse a llorar amargamente. Puede haber nacido para ser líder o para seguir a otros.

Lo que puedes hacer para ayudarla:

▫ Enséñale a tu pequeña cómo atacar los problemas sin preocupación y sin conflictos. Gradualmente aumenta sus responsabilidades. Dale a tu niña el tiempo necesario para concentrarse en cosas importantes de modo que pueda completar una tarea, pero siempre ayúdala si te lo pide. Disminuye la frustración con distracciones.

▫ Pasa junto con ella momentos especiales y siempre muéstrale simpatía cuando se presente alguna dificultad o sienta dolor.

▫ Anímala a ser generosa; aprenderá a darte gusto, así que aprovecha enseñándole actos generosos, como el que te dé un poco de su helado, y después hacerlo con otros miembros de la familia.

▫ Si tienes un hijo único, debes moderar su deseo de tener todo lo que quiere y toda tu atención. Un niño debe aprender que no puede ser el centro de atención de tu mundo.

2 A 3 AÑOS

La personalidad de tu hija ha emergido claramente. Ella es una persona individual y un miembro de la familia, con un sentido de sí misma que crece cada vez más. Todo lo que hace es una prueba para medir sus logros, capacidades y habilidades —se define a sí misma a través de lo que puede hacer y qué tan exitosamente puede hacerlo, siempre relacionándolo con su desenvolvimiento físico, comunicación, destreza manual, pensamiento y habilidades. El éxito para ella es crucial. Debe dominar sus habilidades, las rutinas diarias y manejarse por sí misma.

Lo que puedes hacer para ayudarla:

▫ El éxito es la influencia más grande en el desarrollo de la personalidad, ayuda a tu hija a tenerlo y asegúrate que lo tenga a menudo; esto fomentará un sentido de orgullo y satisfacción.

▫ Ayúdala a buscar nuevos retos. Aquéllos que la hagan independiente y segura, atrevida, despreocupada de sí misma, preparada para aceptar responsabilidades y culpas.

▫ Incrementa sus aspiraciones y construye su autoconfianza y autoimagen sin sacrificar alegría o felicidad. Enséñala a decir "Lo siento" y a respetar los derechos de otros.

▫ Disminuye cualquier temor asegurándole que cuando sales de casa vas a regresar. Escúchala y obsérvala de cerca para captar indicios de lo que pudiera estar molestándola. Habla sobre cualquier miedo posible y dale confianza. Todos los temores deben ser manejados rápidamente. Nunca ridiculices el miedo. Lo que se necesitan son explicaciones y simpatía.

EL HABLA

Las bases del lenguaje se forman en el cerebro de la mayoría de los niños. Un niño sordo puede empezar a balbucear a la misma edad que lo hace un niño que oye, así sabemos que la estimulación auditiva no es necesaria para el desarrollo del lenguaje. Algunos teóricos dicen que tenemos un "aparato para adquirir el lenguaje" en alguna parte del cerebro que hace que el lenguaje sea inevitable. Lenguaje y habla están interrelacionados. Podemos definir al lenguaje como el término general para los símbolos verbales y al habla como su forma de expresión; ambos reflejan una necesidad humana instintiva para comunicarse. Esta necesidad es obvia en los bebés muy pequeños: hacen burbujas y mueven la boca tratando de responder a las expresiones verbales. A las seis semanas, un bebé al que se le habla a menudo puede tener control de una "conversación", ya ha aprendido que los sonidos, gestos y el lenguaje corporal siempre provocan respuestas de la persona con la que está conversando.

Subestimamos el deseo de un infante y su capacidad para imitar. Si se le habla a menudo, un bebé empezará a imitar sonidos desde las ocho semanas, y habrá dado el mayor paso hacia la adquisición del habla. Los padres deben rodear a sus hijos con pláticas, canciones, ritmos, haciendo comentarios y conversando. Imitar palabras, usar ritmos y repetir sonidos simples ayuda al cerebro de un bebé a producir las conexiones neurológicas que se requieren para el desarrollo completo del habla.

También sabemos que el lenguaje está vinculado a la emoción y que los niños que reciben amor y caricias tienen mejores oportunidades de aprender el lenguaje que aquéllos que no reciben cariño abiertamente. La conversación es un juego y a los bebés les encanta. Enséñale a tu bebé las reglas desde el primer día y la vida de ambos será mucho mejor.

EL HABLA

RECIÉN NACIDO A 8 SEMANAS

Durante las etapas más tempranas, para aprender a hablar, tu bebé escuchará y tratará de imitar sonidos. Responderá a sonidos humanos que tengan un tono alto desde el momento de su nacimiento. Observará y tratará de imitar gestos y expresiones. Sus ojos pueden reavivarse y voltear hacia un sonido y su mirada se volverá intensa. Observará una cara que le hable y que esté a 20 o 25 centímetros de la suya. Tu bebé sentirá una comunicación en ambas direcciones y tratará de conversar con sonidos, gestos y lenguaje corporal. Hará sonidos para iniciar el intercambio, para obtener una respuesta y también para responder a expresiones de gusto. A partir de las dos semanas de edad, se enfrascará en "conversaciones". Para las seis semanas, tu bebé reconocerá tu voz y a las ocho semanas, responderá a ella.

Lo que puedes hacer para ayudarla:

■ Si le hablas mucho a tu bebé, la estimulas a hablar y la animas a responder, aprenderá a hablar a más temprana edad y la calidad de su habla será mejor. Así que platica con ella constantemente desde el primer día y sé muy teatral en todas tus conversaciones.

■ Premia la comunicación con sonrisas, cariños y atención e incrementarás la motivación de tu bebé para hablar.

■ Demuéstrale mucho cariño físico y con tu tono de voz, esto forjará lazos emocionales estrechos entre tú y tu bebé.

■ El contacto visual es crucial para que tu bebé entienda tu interés, amor, preocupación y atención. Búscalo siempre. Voltea tu cuerpo hacia tu bebé y mírala de frente.

■ Aprende su vocabulario básico expresado mediante el llanto. Siempre contesta las peticiones que te haga a través del llanto, ya sea que estén relacionadas con el hambre, el cansancio, el aburrimiento o el cariño y nunca la dejes llorar.

8 A 24 SEMANAS

Una o dos semanas después de haberte sonreído, tu bebé puede empezar a pronunciar sonidos simples de vocales como "e", "a", "u", "o". Cerca de un mes después puede agregar consonantes, generalmente "m", "p" y "b" cuando está molesta, y "j" y "k" cuando está contenta. A las 12 semanas lanza alaridos con mucho gusto y en las siguientes semanas tratará de "sostener una conversación", imitando frases hechas con sonidos como "gaga", "a gu", "ug". Para las 16 semanas, ya tiene un lenguaje de sonidos, risas o gritos de felicidad, soplidos y burbujas en la boca. Hacia las 24 semanas, tu bebé añade "ka", "da", "ma" y "erg" a su vocabulario.

Existen muchos signos de que tu bebé está empezando a entender lo que le dices. Empieza a balbucear, jugando con los sonidos, repitiéndolos y escuchándolos.

Lo que puedes hacer para ayudarlo:

■ Para hablar, un niño tiene que aprender a través de movimientos de la lengua, labios y paladar; succionar, lamer, hacer burbujas y masticar son habilidades que debe adquirir y practicar. Foméntalas con juegos y alimentación.

■ Los niños a los que se les canta, se les repiten canciones de cuna, se les enfatiza los ritmos al hablar y que se involucran en juegos con canciones, hablan más fácilmente y mejor que los niños a quienes no se les dan estas oportunidades. Realiza todas estas cosas desde temprana edad.

■ Una de las primeras formas con las que se comunican los niños es la risa. Haz que las conversaciones sean entretenidas, divertidas, humorísticas. Ríete mucho y sin motivo aparente.

■ En los primeros meses, los bebés aprenden de la imitación por lo que es crucial repetir nombres, rutinas y eventos. Entona y utiliza acciones cuando sea posible. Si dices "¡Caliente!", dilo sosteniendo el aliento; agrega la palabra "¡Ay!", retira tu mano y brinca como si te doliera; repite "Caliente".

28 SEMANAS A 1 AÑO

A las 28 semanas surgen sílabas claras: "¡ba!", "¡da!", ¡"ka!" Su llanto tiene una variedad de tonos y aparece un sonido nasal. Juega con su lengua y sus labios y, para llamar tu atención puede gritar o toser. A las 32 semanas combina las sílabas: "ba-ba" y "da-da".

Después agregará el sonido "t" y "d", y después, cerca de las 36 a 40 semanas, imitará sonidos reales del habla. Entre las 40 y 48 semanas utiliza una palabra con significado.

El entendimiento, factor esencial del habla, se incrementa rápidamente y a las 40 semanas, la mayoría entiende la palabra "No". También empieza a obedecer algunas órdenes sencillas, como cuando actúa las canciones de cuna y dice "adiós". Puede imitar los sonidos de los animales: "mu", "cuac", "miau" y "guau".

Lo que puedes hacer para ayudarla:

■ Si tu niña va a aprender a pronunciar las palabras correctamente y después a combinarlas para hacer oraciones correctas, debes ser un modelo del buen decir para que te imite. Así que debes hablar clara y lentamente y enriquecer el significado con acciones, expresiones y gestos.

■ Para ayudar a tu hija a que hable deberás perder algunas de tus inhibiciones y empezar a balbucear con ella. Te verá y se reirá, tratando de imitarte más fuerte. Sé reiterativa con tus balbuceos para que el aprendizaje se convierta en un juego para ambas.

■ Balbucea cuando balbucee tu bebé, pero también habla normalmente mucho. En cuanto tu bebé diga una palabra, repítela. Demuéstrale tu agrado. Dile que es una niña muy lista. Repite "ma" y ríete y dale un abrazo. Ella dirá "ma" una y otra vez, encantada con su propia destreza.

■ Los niños pueden hablar únicamente cuando las palabras tienen significado. Deben entender el significado de una palabra mucho antes de poder decirla. Enséñale el significado una y otra vez con fotografías, gestos, acciones, etc.

1 AÑO A 18 MESES

Tu pequeño puede decir dos o tres palabras que tengan significado, y reconoce algunos objetos cuando se los señalas. Puede adquirir algunas palabras empezando por el final; por ejemplo, puede empezar a decir "ro", luego "erro" y finalmente "perro". Otras pueden empezar por el principio; por ejemplo "ni" y luego "niña". Cerca de los 15 meses, usa su lenguaje coloquial, que no es otra cosa que pequeños sonidos ininteligibles, pero con inflexiones, fraseos, acciones y palabras. Está practicando poner las palabras juntas. Puede repetir una frase corta que tú digas mucho; por ejemplo: "Pobre de mí", en circunstancias inapropiadas. A los 18 meses puede señalar muchos objetos en los libros y en la vida diaria. Deberá usar 10 palabras con significado.

Lo que puedes hacer para ayudarlo:

■ La comprensión de tu pequeño se encuentra a mucha distancia de su habilidad para expresarse; por ejemplo, "mamá" puede querer decir muchas cosa, incluyendo "mami, dame agua". Cuando descubras lo que realmente quiere, dile "mami te traerá agua" y repite la palabra "agua". Pronto te dirá: "mami, agua";

■ Preséntale a tu hijo toda clase de ruidos, tales como los que hacen los animales, los vehículos y la música. Él está muy atento a los sonidos, así que señálaselos: rechinidos de puertas, llaves del baño goteando, papeles rasgados.

■ Léele libros siempre que puedas, repitiendo una y otra vez sus favoritos, repitiendo nombres y objetos. Pídele que repita los nombres. Demuéstrale placer cuando los recuerde.

■ Nombra todo, en todas partes. Los colores, las texturas y otras propiedades.

■ Empieza a contar y a usar números siempre que tengas oportunidad de hacerlo.

EL HABLA

18 MESES A 2 AÑOS

El habla de tu bebé es más compleja y sofisticada. Puede tener un vocabulario de 30 palabras y empieza a hacer preguntas sencillas, como "¿dónde ido?" y da respuestas de una o dos palabras. Usa combinaciones de dos palabras. Ha añadido a su vocabulario los pronombres posesivos – "mío" – y el "no puedo".

Está aprendiendo el ritmo de las conversaciones y espera su turno para hablar. Se está volviendo cooperativo al comunicarse y utiliza el lenguaje en diferentes situaciones –para que le den algo, contar algo, relacionarse con otros. Su habla, sin embargo, no es muy clara debido a que la coordinación de los músculos todavía es pobre. Puede ser que diga "ika" en lugar de "muñeca".

Lo que puedes hacer para ayudarlo:

■ Usa adjetivos siempre que puedas. Los primeros generalmente son "bueno", "malo", "bonito", "feo", "caliente", "frío". Únelos a otros nombres ("leche fría", "niña bonita", "osito bueno") especialmente cuando estés describiendo comida, gente o juguetes –los temas favoritos de tu pequeño.

■ También usa adverbios como "aquí" y "dónde". Al enseñarle los verbos añade la acción para que te entienda.

■ Tu pequeño entiende las preposiciones mucho antes de que las use. De cualquier manera enséñale lo que quieren decir. Siempre indícale donde están: "debajo", "sobre", o "detrás".

■ La adquisición del lenguaje no se da en una forma pareja y suave. Se detiene y empieza, así que sigue la pauta que te marque tu pequeño y no lo presiones. No compares a tu hijo con nadie más; los niños son diferentes y aprenden en diferente forma el lenguaje.

2 AÑOS A 3 AÑOS

Tu hija conoce cerca de 200 a 300 palabras y puede enfrascarse en monólogos muy largos. Ella utiliza el lenguaje con seguridad y demuestra interés por las nuevas palabras. Esta empezando a escuchar cuando se razona con ella, y su campo de interés se está ampliando. La fluidez en el habla está mejorando, aunque las palabras estén mal pronunciadas.

Tu niña empieza a desarrollar rituales del lenguaje como escuchar el mismo cuento una y otra vez. Le gustan los relatos complicados y escuchar las conversaciones de los adultos. Puede saltar de un tema a otro en una sola frase.

Tu pequeña está empezando a usar la palabra "y" para conectar ideas. También se está acostumbrando a los pronombres como "yo", "me", "tú" y los usa correctamente. Muchas palabras relacionadas con el tiempo están apareciendo conforme ella entiende mejor los conceptos de pasado, presente y futuro.

Lo que puedes hacer para ayudarla:

■ Tu hija hablará más con niños de su misma edad que con adultos, así que el exponerla tanto como sea posible a la compañía de otros niños será de gran ayuda para desarrollar sus habilidades lingüísticas. Por eso es tan importante la escuela preescolar. A esta edad, el habla cesa de ser egocéntrica y se vuelve más social, por lo que el contacto con otros niños hace que tu hijo desarrolle un lenguaje que comparte.

■ Repítele sus cuentos favoritos, para que pueda aprender a manejar sus sentimientos acerca del mundo.

■ Léele cuentos más complicados e introduce nuevas palabras. Explícaselas utilizándolas una y otra vez en tus conversaciones.

3 A 4 AÑOS

Tu hijo demuestra dominio del lenguaje y seguridad al usarlo; consecuentemente, sus conversaciones son más fluidas y se está volviendo más atrevido. Le encantan las palabras nuevas y las practica. Se da cuenta que puede ejercitar cierto grado de control con el lenguaje, así que empieza a usar palabras que sirvan para dar órdenes ("tráeme"), que sean persuasivas ("por favor puedes darme") cooperativas ("lo haré").

Tu pequeño usa verbos interesantes, como el condicional ("Me gustaría que me dieras un helado"; "A lo mejor llueve"; "Quizás nos regalen un helado"). El concepto de la gramática está creciendo rápidamente; por ejemplo, si algo sucedió en el pasado usará un verbo en pasado, aunque a veces con los verbos irregulares puede confundirse. Le encanta mantener una conversación con preguntas ("¿cómo?", "¿por qué?", "¿dónde?"), usa el lenguaje popular, y puede inventar sus propias palabras.

Lo que puedes hacer para ayudarlo:

◻ Nunca corrijas abiertamente los errores de tu hijo; diplomáticamente repite lo que acaba de decir, pero correctamente. Si tiene duda respecto a una palabra, dísela de inmediato, para mantener su interés en el momento.

◻ Tu pequeño responde bien al razonamiento, así que involúcralo en problemas-soluciones que sean simples, con preguntas o soluciones y discutiendo abiertamente cada paso. Pregúntale su opinión acerca de algo en lo que sabes que estarán de acuerdo, para que sienta que él tomó la decisión.

◻ Construye las oraciones más largas y más complicadas. Cuando tu hijo te hable, voltea hacia él y escúchalo atentamente. Mueve e inclina la cabeza para demostrarle que lo estás escuchando.

◻ Siempre contesta las preguntas. No es necesario decir toda la verdad, solamente la que ella pueda manejar, pero nunca le mientas o disimules. Tu hijo te descubrirá y dejará de tenerte confianza. Tu pequeño te hará la misma pregunta una y otra vez; simplemente dale la misma respuesta, nunca te impacientes.

◻ A los niños les gusta cuchichear, por lo tanto juega a hablar en susurros para ayudarlo a expresarse.

◻ En la lista de lectura de tu hijo incluye cuentos de hadas, porque ayudan a tu hijo a entender su propio mundo y mejoran su concepto de lo que es real e irreal; del pasado, presente y futuro; de la justicia e injusticia; de la bondad y la maldad; de la gentileza y la brutalidad, etc.

factores que afectan el desarrollo

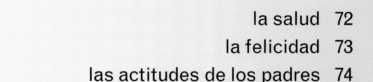

FACTORES QUE AFECTAN EL DESARROLLO

Aunque a veces el desarrollo de tu hijo parezca estar en peligro y sin rumbo, la meta siempre es la misma: lograr el potencial genético o la completa autorrealización. Todos los niños nacen con un deseo de luchar y de ser mejores personas. Tanto física como mentalmente, tu hija tiene la urgencia de hacer lo que está mejor preparada para hacer: ser feliz y adaptada. Para lograrlo, se le tiene que dar la oportunidad de satisfacer esa urgencia.

El hecho de que tu hijo alcance esta meta dependerá de los obstáculos que enfrente y qué tan exitosamente los venza. Los obstáculos pueden estar en el medio ambiente o pueden provenir del interior de tu hijo: puede ser que tenga miedo de intentar algo que es capaz de hacer, quizás porque teme que lo critiquen o que lo comparen con otros.

Tu papel es crucial para ayudarlo a alcanzar su potencial. No sólo debes conocer los diferentes factores que tienen un efecto en este potencial, sino que también debes actuar para maximizar o minimizar sus influencias. Si sigues las guías descritas, encontrarás que este "trabajo" es mucho más sencillo de lo que suponías.

LA SALUD

Entre las cosas que ayudan a tu hijo a alcanzar la autorrealización, la salud es imprescindible, pues le ayuda a enfrentar los problemas. Estar libre de defectos físicos serios es una ventaja, ya que los problemas orgánicos son un impedimento para lo que el niño intente realizar.

La mayoría de nosotros tomamos la buena salud de nuestros hijos como algo natural y no nos damos cuenta de la importancia que tiene en su desarrollo. Lo podemos comprobar si vemos los efectos más comunes de una mala salud. Mientras que las enfermedades comunes de la infancia rara vez tienen un efecto permanente en el crecimiento y el desarrollo, una enfermedad larga y severa sí puede alterar estos procesos.

Durante la enfermedad, la mayoría de los niños permanecen inactivos y pueden cansarse fácilmente, por lo que el desarrollo de un niño puede verse afectado.

La enfermedad casi siempre hace que un niño se vuelva irritable y es probable que denote angustia y haga berrinches por estar de mal humor. La enfermedad y la recuperación a menudo requieren que se restrinjan las actividades, un niño siente que esto es frustrante y algunas veces esta situación hace que se vuelva inseguro como individuo y en relación con otros niños. Con frecuencia una enfermedad puede ser el punto de partida para problemas de adaptación: que sea remilgoso para comer u otras dificultades en el comportamiento. Si a un niño se le consiente, debido a su enfermedad, puede desarrollar actitudes no saludables. Un niño puede estar tan acostumbrado a atenciones especiales que se puede volver agresivo y demandante. Si persiste este comportamiento, seguramente se afectará su desarrollo social.

Las enfermedades crónicas, como la epilepsia y la diabetes, pueden entrampar a un niño, porque pueden causarle inestabilidad emocional y provocarle emociones muy fuertes. Si nos son tratadas con cuidado, pueden afectar el desarrollo del niño porque hacen que éste dependa emocionalmente de otros miembros de la familia.

Ciertas condiciones físicas comunes como la fatiga o el cansancio excesivo pueden causar que un niño sea irritable y peleonero, lo que afectará sus relaciones con la gente. La mala nutrición y la falta de una dieta balanceada pueden conducir a una baja en el nivel de energía, lo que no sólo reprime las actividades y las cualidades de un niño, como la curiosidad y la aventura, sino que también hacen que disminuyan la fuerza, el vigor y, por lo tanto, la alegría y el aprendizaje. También pueden producir timidez, irritabilidad, depresión y un comportamiento antisocial. Si el niño se ve aquejado por un problema físico menor, esto puede producir irritación, lo que puede conducirlo a sobrerreaccionar emocionalmente, a la falta de concentración y de decisión para seguir un proyecto hasta completarlo.

LA FELICIDAD

Los niños felices normalmente son saludables. Los niños felices aceptan las frustraciones y los obstáculos con más calma y tratan de encontrar soluciones. La felicidad alienta toda clase de contactos y actividades sociales, la gente reacciona positivamente ante la alegría, y la felicidad le da a un niño una expresión amigable, un buen punto de partida para toda clase de relaciones personales.

La desdicha mina la fuerza y energía de un niño, y reduce su bienestar físico. Esto evita que su energía sea dirigida a actividades que tengan un propósito, así que muy a menudo los niños infelices disipan sus energías rumiando sus penas, soñando despiertos y sintiendo lástima por sí mismos. Un niño con estas características tiende a separarse del grupo y a que se le mire con pena. La desdicha apaga la motivación y el deseo de tener éxito. Los berrinches y el autosabotaje son más comunes en estos niños. La felicidad puede convertirse en un hábito y tu trabajo es asegurarte que tu niño adquiera este hábito. La desdicha puede llegar a ser un hábito, y tu trabajo es prevenirlo. Una niñez feliz no es garantía del éxito como adultos, pero la felicidad sienta las bases para el éxito.

LAS ACTITUDES DE LOS PADRES

Tu actitud hacia la paternidad ayudará a las experiencias de tu hijo conforme vaya creciendo e influirá en su desarrollo. Ahora que tienes un hijo, el mejor comienzo que le puedes dar es una actitud positiva en lo concerniente a ser padre.

Algunas personas quieren muchos hijos, otras prefieren a unos cuantos o ninguno. Mucha gente todavía piensa que un matrimonio está incompleto si no tienen hijos y otras sienten que los niños son un obstáculo para carreras exitosas y mejores puestos. Si perteneces al último grupo, será muy difícil que tengas una alta puntuación como padre ideal. Si aspiras a ser un buen padre, la lista que presentamos a continuación, sobre los conceptos que los niños tienen de un buen padre, podrá ayudarte.

Los padres de mayor edad, en general, aceptan su papel con mayor entusiasmo y más corazón que los padres más jóvenes. Ayuda mucho a la paternidad que los padres no conserven la imagen romántica de hijos y padres que a menudo se difunde en la televisión o el cine. No es realista esperar que un niño pueda ser lo que los medios sugieren, tener un concepto idealizado de tu hijo puede ser peligroso y puede conducirte a la frustración y al resentimiento cuando el pequeño no llene tus expectativas.

UN BUEN PADRE

☐ Hace cosas por su hija o su hijo

☐ Su niño o niña puede depender de él

☐ Razonablemente permite y otorga cosas

☐ Es justo y flexible en cuanto a la disciplina

☐ Respeta la individualidad de su hijo(a)

☐ Inspira amor, no temor

☐ Pone el buen ejemplo

☐ Es un buen acompañante y hace cosas por su niño(a)

☐ La mayor parte del tiempo está de buen humor

☐ Le demuestra su cariño

☐ Permanece relajado cuando su hijo(a) se lastima o tiene un problema

☐ Anima a su hija(o) a traer amigos a casa

☐ Se interesa por hacer de su casa un hogar feliz

☐ Otorga la independencia apropiada para la edad de su hija(o)

☐ No espera logros poco razonables

Cómo puedes ayudar a tu hijo

El niño que tiene mayor confianza es aquél que se acepta a sí mismo y el concepto favorable de sí mismo depende de tu actitud hacia él. Esta clase de niño puede enfrentarse a cualquier problema que se le presente en la vida.

Una de las cosas más importantes que puedes hacer es mantenerlo en el mundo real y fijar metas realistas para evitar los fracasos y que su concepto de sí mismo se vea dañado. Por otra parte, queda a tu consideración señalar las debilidades de tu hijo, así como sus virtudes, aunque siempre deberás concentrarte en estas últimas, para que crezca con un conocimiento de sí mismo y sus limitaciones.

Asegúrate de que el ambiente que creas alrededor de tu hijo no limite sus oportunidades de aprender, porque, si se limitan las oportunidades, no podrá alcanzar todo su potencial.

No trates de encajonar a tu hijo en un patrón. Lo que un niño necesita es que se le anime a desarrollar su individualidad. Al ayudarlo a encontrar y enfrentar los problemas que le sean difíciles de descubrir, le estarás enseñando a tener confianza y a ser decidido.

También piensa que, para un desarrollo completo, se deben estimular y alentar las capacidades innatas de tu hijo en el momento en que esté listo. Por lo tanto, hay que tener en mente el momento preciso. Sin importar qué tanto se esfuerce un niño por aprender, no podrá hacerlo hasta que haya adquirido el desarrollo necesario. Pero una vez que esté listo, la velocidad de su desempeño será impresionante, especialmente si estimulas sus intereses y esfuerzos.

Con frecuencia notarás que tu hijo alcanza un nivel del que parece no moverse dentro de su desarrollo y es fácil que concluyas que ha llegado a su límite. Como resultado de lo anterior, tu hijo puede hacer pocos esfuerzos por aprender más y permanecerá en ese nivel; pero, si lo alientas, puede avanzar a niveles más altos, una vez que compruebes que sí es posible alcanzar mayores logros.

Otra responsabilidad importante como padre es enseñar a tu hijo a relacionarse con otras personas y a ser considerado. Esto permitirá que le sea fácil hacer amigos. Tu hijo nunca será aceptado socialmente si no se le pone un remedio a un comportamiento antisocial. Es importante que sea corregido antes de que se convierta en un hábito y ponga en peligro sus oportunidades de ser uno más de la pandilla.

EL LUGAR QUE OCUPA TU HIJO EN LA FAMILIA

Dentro de la familia no existe una posición que pueda ser considerada como la mejor. Los primogénitos crecen dentro de un ambiente más centrado en el niño, donde las actividades de la familia se concentran más en él que si hubiese sido un segundo o tercer hijo. Los primogénitos reciben más ayuda en su desarrollo, sus padres les proporcionan un lenguaje más complejo durante su infancia y debido a la presión que ejercen logran más cosas que los hermanos que nacieron después. Los primogénitos tienden a ser mejor aceptados por los adultos y tienen mayores oportunidades de jugar roles de líder porque se adaptan más a las expectativas sociales. Por otra parte, los padres son menos hábiles y tienden a intervenir, inmiscuirse, restringir y usar disciplina obligatoria y más castigos de todo tipo que con sus hijos menores. Esto puede conducir a que los padres muestren mayor inseguridad con su primogénito, y se pregunten: "¿Estaré haciéndolo bien?"

Los efectos del lugar que ocupan dentro de la familia persisten e influyen en los ajustes personales y sociales que los niños hacen conforme van creciendo. Por ejemplo, existe evidencia de que los primogénitos están más conscientes de la salud que sus hermanos menores y que al llegar a la edad adulta consultan a los doctores frecuentemente. También tienden a ser más precavidos y toman menos riesgos.

Se ha visto que la posición dentro de la familia tiene una influencia importante en la forma como los adultos se adaptan posteriormente en el matrimonio. Esto se debe a que todos aprendemos a jugar ciertos papeles en nuestro hogar infantil y continuamos desempeñándolos una vez casados: las parejas que mejor se adaptan son aquéllas en las que el primogénito de una familia se casa con la hermana más joven de otra familia. Es posible que se presenten fricciones cuando estas posiciones se presentan a la inversa porque las esposas tratan de ser el jefe de sus esposos como lo hacían con sus hermanos menores. En un matrimonio donde ambos son primogénitos, puede existir una relación con muchas posibilidades de fricciones.

El número de hijos en una familia

El número de niños dentro de la familia afecta el desarrollo de un niño. Los niños que tienen varios hermanos pequeños tienen que compartir la atención de sus padres. Si un niño necesita más atención que los otros, es muy probable que la obtenga, lo que conduce a que los otros sean más sensibles sobre ese favoritismo. La rivalidad entre los hermanos, la competencia, los sentimientos negativos y el resentimiento se acrecentarán. Además, es probable que un niño que necesita más atención desarrolle un patrón de personalidad de "seguidor de otros" y adquiera sentimientos de inadaptabilidad y mártir, mientras que el

CARACTERÍSTICAS DE LA PERSONALIDAD SEGÚN EL LUGAR QUE SE OCUPA

EL PRIMOGÉNITO

- ☐ Indecisión
- ☐ Sensibilidad
- ☐ Desconfianza
- ☐ Tesón
- ☐ Inseguridad
- ☐ Necesidad de asociación
- ☐ Astucia
- ☐ Avaricia
- ☐ Dependencia
- ☐ Responsabilidad
- ☐ Autoritarismo
- ☐ Celos
- ☐ Conservadurismo
- ☐ Excitabilidad

EL SEGUNDO HIJO

- ☐ Amante de la diversión
- ☐ Independencia
- ☐ Agresividad
- ☐ Extroversión
- ☐ Gregarismo
- ☐ Confiabilidad
- ☐ Temperamento relajado y equilibrado

EL TERCER HIJO

- ☐ Agresividad
- ☐ Distracción
- ☐ Necesidad de demostraciones de afecto
- ☐ Le interesa tener un hogar feliz
- ☐ Celoso
- ☐ Siente que sus padres lo menosprecian
- ☐ Sentimientos de inferioridad
- ☐ Sentimientos de inadaptabilidad
- ☐ Propenso a desórdenes en el comportamiento

EL ÚLTIMO HIJO

- ☐ Seguridad
- ☐ Envidia y celos
- ☐ Confianza
- ☐ Irresponsabilidad
- ☐ Espontaneidad
- ☐ Felicidad
- ☐ Buena naturaleza
- ☐ Generosidad
- ☐ Está consentido
- ☐ Inmadurez
- ☐ Extrovertido
- ☐ Simpatía
- ☐ Sentimientos de inadaptabilidad
- ☐ Sentimientos de inferioridad
- ☐ Rivalidad con los hermanos

niño más fuerte se puede sentir discriminado y aprenda a jugar el papel de líder.

En una familia numerosa, hay menos espacio y recursos. A los niños se les "pone en el mismo paquete" constantemente y se espera que jueguen juntos, compartan los mismos juguetes y amigos, y que se vistan igual, aún cuando no sean del mismo sexo. Esto detiene el desarrollo de la personalidad y la individualidad. El espacio de cada niño es crucial. El tiempo óptimo para que un niño esté con sus padres antes de la llegada de un nuevo hermanito es de dos años o más.

EL SEXO

El sexo influye de dos maneras en el desarrollo. La primera es un efecto directo en el desarrollo y proviene de la muy pequeña cantidad de hormonas que los niños secretan durante toda la niñez. Ambos sexos producen andrógenos, las hormonas masculinas, y estrógenos, las hormonas femeninas; pero los niños producen más andrógenos y las niñas más estrógenos y este predominio de la hormona sexual apropiada es responsable de las diferencias en su desarrollo.

La influencia indirecta del sexo en el desarrollo proviene de las condiciones del medio ambiente. Desde el momento en que nacen los niños, reciben fuertes presiones sociales para comportarse siguiendo los patrones culturales de su sexo. A través de toda la infancia, se ven primero influidos por la familia, después por la escuela y los maestros y más tarde por la sociedad.

Diferencias de género en la adquisición de habilidades

Aunque los niños del mismo sexo se diferencian más uno del otro, que las niñas de los niños, la gran mayoría de los padres reconocerían que las diferencias de género no sólo afectan el desarrollo de ciertas habilidades, sino también el tipo de éstas. En el desarrollo físico, por ejemplo, las niñas se desenvuelven a un ritmo más veloz durante todo su crecimiento y maduran en la adolescencia antes que los niños. Además, el crecimiento físico de una niña es más regular y predecible que el de los niños, que tiene brotes desiguales. En lo que concierne a la fuerza y velocidad, hay muy poca diferencia entre ambos hasta la pubertad, cuando los varones se vuelven más fuertes y rápidos y tienen más músculos, más hueso y menos grasa. Como se esperaría, durante la pubertad los niños desarrollan corazones y pulmones más grandes para compensar la mayor capacidad de oxígeno necesaria para la sangre que corre por sus músculos y huesos.

Durante los años preescolares, las niñas son mejores brincando, tienen más ritmo y equilibrio. Más tarde, los niños son mejores en actividades como correr, saltar y lanzar, mientras que las niñas siguen

siendo mejores al brincar. En términos de desarrollo intelectual, no existe diferencia entre ambos en términos del coeficiente intelectual. En cuanto a las habilidades verbales, ellas son ligeramente más rápidas en algunos aspectos de lenguaje primario. La mayoría habla antes que los niños, y casi todas las niñas juntan las palabras mejor y antes que los niños para hacer frases largas, no sólo cuando empiezan a hablar, sino durante su vida. Tienden a leer y escribir antes que los niños y su gramática y ortografía son mejores. Las niñas también tienen mejor articulación, pronunciación y menos problemas de lectura durante la adolescencia; son mejores con el razonamiento verbal que los niños. Tienen menos desórdenes del lenguaje.

Durante el camino hacia la adolescencia, las niñas son mejores en aritmética, pero después de la adolescencia, los niños obtienen mejores calificaciones en tareas que requieren un razonamiento matemático. Los niños son mejores en la visualización espacial; pueden mover objetos tridimensionales en sus mentes y entienden mejor las relaciones en el mundo físico. Esta diferencia se hace más pronunciada hasta la adolescencia.

Socialmente, los niños son mucho más agresivos y dominantes que las niñas, empezando desde pequeños y continuando a través de la adolescencia y la edad adulta. Son más competitivos, pero esta característica no aparece tan pronto como la agresividad. Sorpresivamente, no existe diferencia en el deseo de procurar y criar.

Sin lugar a duda, las niñas son más sociables, hacen amistades más cercanas desde que adquieren conciencia social y esto continúa hasta la adolescencia y la edad adulta. Las niñas cubren mejor los requerimientos de los adultos durante sus primeros años de edad. Los niños demuestran más vulnerabilidad física, emocional e intelectual frente a las presiones, y mayores problemas de conducta.

El conocimiento de estas diferencias de género puede ayudar a los padres a maximizar puntos fuertes de sus hijos y minimizar los débiles. A tu hijo puedes introducirlo al mundo de los libros a temprana edad y jugar juegos de palabras conforme va creciendo, poniendo especial atención en la pronunciación. Con una niña, puedes mejorar su sentido del espacio con una tabla para colocar objetos de diferentes formas y tamaños, o con rompecabezas.

El efecto de los estereotipos

Los roles masculino y femenino influirán en nuestros hijos conforme van creciendo si no actuamos para que los eviten. Desde muy temprana edad, se ven influidos por los conceptos de apariencia, incluyendo la constitución de su cuerpo, los rasgos faciales y la ropa, así como por el comportamiento y el papel que deben jugar, incluyendo el lenguaje apropiado, formas de expresar los sentimientos y las emociones, los roles dentro del matrimonio, cómo ganarse la vida, etc.

Tenemos que estar pendientes si queremos que nuestros hijos escapen de estos modelos, pues en muchas ocasiones se les utiliza para juzgar y medir a nuestros hijos. En esos momentos deberíamos estar alentando la individualidad y la originalidad.

Y lo peor es que estos estereotipos pueden usarse como normas para su formación, de tal manera que a los niños se les enseña a pensar, sentir y actuar de acuerdo a un estereotipo, frenando así su desarrollo personal. Uno de los aspectos más nocivos es la creencia de roles superiores o inferiores, siendo los primeros casi siempre masculinos y los segundos femeninos.

Los estereotipos tradicionales en relación al sexo son poco recomendables, mientras que los roles sexuales ofrecen un campo de acción para la autorrealización y la creencia de que cada niño, sin importar su sexo, tiene que ser estimulado a alcanzar su propio potencial, sin importar la actividad que realice y obtener satisfacción sin culpa, utilizando sus habilidades.

Como padre, debes actuar cuidadosamente desde el primer día si quieres alentar a tu hija para que sea más arriesgada y fuerte, y a tu hijo a que se preocupe por los demás, demuestre afecto y actúe como pacificador. Está probado que tratamos en forma diferente a las bebés vestidas de rosa que a los bebés vestidos de azul.

LA PERSONALIDAD

La personalidad de tu hijo tiene tres componentes: emotividad, es la tendencia a ponerse molesto o disgustado fácil e intensamente; es muy difícil tranquilizar a estos niños. Actividad, es el comportamiento que se muestra en términos de movimiento, velocidad al hablar o de energía que desarrolla en cualquier actividad. Sociabilidad, es la búsqueda de compensaciones mediante premios provenientes del contacto social; estos niños prefieren estar con otros y les gusta compartir actividades.

La personalidad de tu hijo es una mezcla de estos tres componentes en diferentes cantidades, y desde los primeros días de vida es posible ver que tiene una inclinación hacia uno de ellos, al ser más emocional, activo o sociable. Los niños emotivos tienden a llorar mucho y no se les puede tranquilizar fácilmente; los niños activos tienden a ser inquietos y no duermen mucho; los niños sociales pueden demostrar su cariño desde el primer día de nacidos y se tranquilizan fácilmente.

Si tu hijo muestra cualquiera de estos rasgos en exceso, de ti dependerá regularlos, y alentar a tu hijo a moverse hacia otra dirección. Por ejemplo, si tienes un niño muy emotivo y le proporcionas confianza, apoyo, guía y ayuda, lo incitarás a sentirse seguro y menos emocional; si tu hijo pareciera que tiene demasiada prisa, puedes disminuir esa premura enseñándole amablemente a calmarse y poniéndole mucha atención. Jugar con un niño activo lo animará a concentrarse e incrementará sus áreas de atención.

El desarrollo de la personalidad

Los padres esperan que su hijo crezca con una personalidad balanceada, por lo que es de gran ayuda conocer las diferentes etapas conforme va creciendo. Por ejemplo, hasta el primer año, lo que tu hijo está haciendo es descubrir si se puede confiar o desconfiar del mundo. El resultado ideal es que tu bebé aprenda a confiar en mami o en la persona que lo cuida. También deberá aprender a confiar en su habilidad. Un elemento clave en todo esto es que sea capaz de formar un lazo de unión temprano y seguro contigo y/o con tu pareja.

Entre los dos y tres años, la personalidad se amplía rápidamente conforme conoce su voluntad y la posibilidad de manejar a otros mediante ejercicios de voluntad. Esto se ve equilibrado por sentimientos de vergüenza y dudas que van creciendo como resultado de la falta de control y la incompetencia física. Las habilidades físicas lo conducen a la libre elección. Conforme va teniendo mayor control sobre sus esfínteres, un niño aprende a controlar, pero también puede desarrollar sentimientos de vergüenza si tiene accidentes y se le echa la culpa de éstos.

A los cuatro y cinco años tu niño está aprendiendo acerca de la iniciativa y su relación con la culpa. Tu hijo se vuelve capaz de organizar actividades alrededor de una meta y es más asertivo y agresivo, especialmente si es varón. También desarrolla un conflicto con uno de los padres (del mismo sexo) y esto puede conducirlo a tener sentimientos de culpa. Más tarde, los niños se concentran en ser productivos, pero tienen que enfrentar sentimientos de inferioridad.

LA EMPATÍA

La empatía es pensar en otros y experimentar emociones similares hacia ellos. Los niños sanos demuestran empatía a una edad bastante tierna. Durante el primer año, tu hija responde de forma global a lo que está sucediendo a su alrededor; así que si ve a alguien muy infeliz, imitará su cara, o si alguien expresa una emoción muy fuerte, ella lo imitará. Por ejemplo, puede empezar a llorar cuando sencillamente escuche que otro niño está llorando. Los bebés generalmente empiezan a llorar si ven a otro bebé llorando.

De los 12 a 18 meses, tu hijo tiene un sentido bastante claro de sí mismo; puede responder al malestar de otra persona, poniéndose molesto. Puede intentar ayudar a otra persona ofreciéndole aquello que encuentra más reconfortante para sí mismo, y si tu bebé de 18 meses ve que otro niño se ha lastimado, irá a buscarte para que lo ayudes.

Un poco más tarde, entre los dos y tres años, tu hija empezará a tener empatía por los sentimientos de otra persona y responderá de una forma que tiene mucho más que ver con el entendimiento. Sus respuestas se vuelven más sutiles durante los años preescolares conforme se convierte en una mejor lectora de las emociones de otras personas.

Cerca de los cuatro o cinco años, las respuestas empáticas de tu hijo se vuelven un poco complicadas, pues enfrenta emociones contradictorias. Si tu pequeño ve que un amiguito se cae y lastima, no sólo sentirá empatía por su dolor sino también por la vergüenza o pena que su amigo puede estar experimentando y, en lugar de correr a ayudarlo, puede alejarse porque sabe que su amigo preferiría que no lo ayuden. Un entendimiento más generalizado de los sentimientos se vuelve más aparente, lo que no está relacionado con una situación necesariamente inmediata; puede que tu hijo se ponga más triste y sienta mayor simpatía por el amigo cuyo problema se extiende durante un largo periodo que por aquél cuyo problema es breve.

Cómo puedes ayudar a tu hijo

La primera crisis suele suceder durante el primer año de vida, cuando tu hija desarrolla un sentido de confianza de lo que se puede predecir del mundo y su capacidad para intervenir. Tu comportamiento es crucial para las soluciones que tu hijo le dé a la crisis. Los niños que rebasan el primer año con un sentido firme de confianza, son aquéllos cuyos padres son amorosos y que los procuran y responden de una forma predecible y confiable. En otras palabras, un niño que desarrolla confianza será capaz de formar otras relaciones. Desde luego, también es importante que tu hijo desarrolle un poco de desconfianza, y sepa diferenciar las situaciones peligrosas.

Conforme tu hijo tiene más movilidad, desarrolla un sentido de independencia y autonomía. Si los esfuerzos de tu hijo por adquirir independencia no son guiados cuidadosamente, puede fracasar o conocer el ridículo, lo que lo conducirá a la desmoralización y la creencia de que no es capaz de tener éxito. En lugar de tener un sentimiento de control y autoestima, puede sentirse avergonzado por no completar las tareas que se le han asignado.

Tu niña de cuatro años empieza poco a poco a tomar la iniciativa y también un cierto grado de responsabilidad. Mientras experimenta y trata de conquistar al mundo, puede volverse agresiva. El riesgo es que puede ir demasiado lejos y sentirás que debes restringirla y castigarla. Cualquiera de estas situaciones crea descontrol, lo que produce culpa en tu hija.

Al cumplir seis años, tu hija empieza a concentrarse en el trabajo duro y la competencia, y puede convertirse en una adicta al trabajo. Tu tarea es desarrollar un repertorio de actividades que la ayuden a enfrentar las demandas sociales.

LA MALA ADAPTACIÓN

En todos los niños aparecen —de una u otra forma— rasgos indeseables de personalidad. Cuando se presentan, uno tiende a considerarlos inofensivos y permite que persistan, sin hacer un esfuerzo serio por corregirlos. Ninguno de estos rasgos es, en sí mismo, motivo de alarma. La siguiente tabla muestra algunos de los rasgos de un niño inadaptado. Aparecen en orden descendiente según su frecuencia.

Sin embargo, cuando en el mismo niño coinciden varios de los rasgos, puede tratarse de un cuadro de inadaptación y pueden considerarse como "señales de alarma" en cuanto a futuros problemas. Por ejemplo, la mayoría de los niños son inquietos, pero no es motivo de alarma a menos que haya otros síntomas, como la incapacidad de concentrarse, la impaciencia, la impulsividad o una actividad excesiva sin

RASGOS TÍPICOS DE UN NIÑO MAL ADAPTADO

- ☐ *Hiperactivo (desarrolla demasiada actividad sin perseguir un objetivo determinado)*
- ☐ *No termina los proyectos*
- ☐ *Se mueve constantemente con impaciencia*
- ☐ *No puede quedarse quieto durante las comidas*
- ☐ *No se concentra en sus juegos*
- ☐ *Maltrata los juguetes y los muebles*
- ☐ *Habla mucho*
- ☐ *No sigue las indicaciones*
- ☐ *Es torpe*
- ☐ *Pelea con otros niños*
- ☐ *Es impredecible*
- ☐ *Molesta*
- ☐ *No responde a la disciplina*
- ☐ *Se mete en problemas*

- ☐ *Tiene problemas de habla*
- ☐ *Hace berrinches*
- ☐ *No escucha un cuento completo*
- ☐ *Es desafiante*
- ☐ *Es difícil lograr que se acueste*
- ☐ *Irritable*
- ☐ *Temerario*
- ☐ *Impopular*
- ☐ *Impaciente*
- ☐ *Dice mentiras*
- ☐ *Es propenso a los accidentes*
- ☐ *Moja la cama*
- ☐ *Es destructivo*

propósito. Si se tienen estos rasgos, existe un motivo de preocupación, ya que son sintomáticos de una mala adaptación en cuanto al aspecto personal, así como social.

Sin embargo, no sólo porque identifiques a tu hijo con una o más de estas actividades, debe ser etiquetado como un niño problema. Los malos hábitos son tan comunes que muchos deben ser considerados parte de un desarrollo normal. Por ejemplo, entre los niños de siete años de edad, de 10 a 20 por ciento todavía moja su cama ocasionalmente, 30 por ciento tiene pesadillas, 20 por ciento se come las uñas, 10 por ciento se chupa el dedo y 10 por ciento dice malas palabras. Esto no quiere decir que sean niños problema. Otro 30 por ciento hace berrinches.

LA VULNERABILIDAD

Vulnerabilidad es el término usado por los expertos para describir la capacidad de reacción de un niño y un buen parámetro para medirla es el ambiente que le brindará a tu hijo suficiente apoyo o protección para su desarrollo óptimo. Un niño flexible es aquél a quien una amplia variedad de ambientes le ayudan o apoyan a obtener un desarrollo óptimo: el que las cosas le salgan mal, no será motivo de amenaza. Un infante vulnerable es aquél cuyo porcentaje de ambientes que potencialmente pueden apoyarlo se reduce significativamente. A un niño así, sólo le servirán los ambientes más estimulantes, donde reciba mayores respuestas a sus necesidades y sean más adaptables. Casi todo tiene que salir bien para un niño(a) así. Cuando el ambiente de un niño falla, se acrecientan las probabilidades de que su desempeño final sea pobre.

Algunos bebés nacen con ciertas características de vulnerabilidad, por ejemplo los que nacen pesando poco, los que no fueron bien alimentados cuando estaban en el vientre de su madre, o aquéllos que tienen un temperamento irritable; bebés como éstos sólo podrán progresar en ambientes protectores.

De forma similar, es posible decir que algunos bebés nacen siendo más resistentes. Un estudio realizado en Hawai descubrió que los niños criados en la pobreza, pero que a la postre salieron bien, probablemente hayan sido bebés de buena naturaleza y primogénitos. Contar con templanza puede ser una característica innata, otros factores protectores pudieran ser la facilidad para crear lazos de unión seguros, una alta tolerancia a la frustración y la capacidad para recuperarse de situaciones difíciles.

Una actitud de comprensión de parte de unos padres amorosos puede ayudar a mejorar todas estas situaciones.

Cómo puedes ayudar a tu hijo

Entender la vulnerabilidad debe hacerte pensar en su desarrollo, y éste puede progresar si el ambiente en el que crece mejora, y siempre hay espacio para mejorar.

Las características del medio ambiente que son críticas para el desarrollo óptimo de un niño, cambian conforme él va creciendo. Un ambiente donde encuentran respuestas e interacciones cálidas con los padres es crucial durante los 6 y los 18 meses, y la riqueza de estímulos mentales e intelectuales por medio de juguetes, juegos, cuentos, canciones; la atención de los padres es primordial entre el año y los cuatro años. También la oportunidad de practicar las habilidades sociales con los compañeros, es importante.

Los padres deberían tomar nota de que el niño que es menos vulnerable, el que es más resistente y el que más tarde parece ser capaz de enfrentarse mejor a las presiones de la vida sin caer en problemas serios de comportamiento, tiene algo muy importante a su favor: casi siempre tiene una buena, fuerte y segura relación con un padre o con otro adulto que se preocupa por él. Estos niños tienen más éxito al relacionarse con sus compañeros, tienen una mejor visión para resolver los problemas y más capacidad para enfrentar las presiones de la vida.

Estos lazos de unión proporcionan seguridad al niño, lo protegen contra los problemas y dificultades de la vida normal. En este sentido, los lazos de afecto y seguridad son las mejores herramientas que puedes dar a tu hijo para enfrentarse a la vida. Un punto fundamental que deben tener en mente los padres es que para que un niño pueda manejar el estrés o las presiones sin mostrar problemas serios de comportamiento, deberá tener un lazo afectivo estrecho, aunque éste no sea el mismo que tuvo en sus primeros años. Puede ser un lazo que se formó con alguien que no es su padre o madre, y que se constituyó después del primer año de vida. Ésta es una de las razones por lo que las nanas, los padrastros y madrastras, los abuelos y los hermanos mucho mayores, pueden jugar un papel muy importante.

SEGURIDAD EN LOS VÍNCULOS

Existe una gran cantidad de investigaciones que demuestran que el niño seguro se desenvuelve más exitosamente que el niño inseguro. Los investigadores han llamado a estos niños "con seguridad en los vínculos". Sin embargo, existe un número de niños que son inseguros durante su infancia. Aún dentro de familias estables y felices, una tercera parte de todos los niños son inseguros.

El niño seguro es aquél que no se "cuelga" de ti, pero que no se resiste al contacto si tú lo inicias. Si has estado ausente y te reúnes con tu bebé seguro, él será muy positivo al saludarte y si estuviera molesto, se tranquilizará con tu presencia y contacto. Un niño seguro siempre te preferirá a ti sobre un extraño. Un niño inseguro generalmente evita el contacto con su madre, especialmente cuando se reúnen después de una ausencia. Un niño aún más inseguro se molesta cuando se le separa de su mamá y a ella le es imposible tranquilizarlo cuando regresa. Esta clase de niño puede estar enojado cuando ella regresa y se resiste a tranquilizarse. Un niño severamente inseguro puede ser aprensivo y estar confundido y no querer estar cerca de nadie.

Los efectos positivos de la seguridad son fáciles de percibir en los niños de dos años de edad. Los pequeños que son seguros tienen periodos de atención más largos cuando juegan, son más confiados al tratar de encontrar soluciones a tareas que involucren herramientas y a menudo usan a su mamá como fuente de ayuda. De los 18 a los 30 meses de edad, los niños seguros tienen un patrón de juego más maduro y complejo; demuestran que son más sociables, más avanzados intelectualmente y entienden el mundo mejor que sus amigos inseguros. Los niños seguros en edad preescolar tienen una interacción más rápida y suave con un adulto extraño, como pudiera ser un maestro. Los niños inseguros muestran anomalías en el comportamiento: berrinches y conducta agresiva. Son los niños que se cuelgan de sus mamás, buscan ser el centro de atención y se comportan mal en la escuela, llamando la atención.

Los niños seguros muestran más simpatía por otros niños y adultos. No les da gusto la desdicha de otra gente; los niños inseguros se ríen de los problemas. Alrededor de los cuatro a cinco años, los "niños con seguridad en los vínculos" tienen mejores calificaciones que los inseguros por la flexibilidad con la que enfrentan la vida y los recursos que tienen para hacerlo. A esa misma edad, los niños seguros tienen una autoestima más alta. Más tarde, a los cinco o seis años, los niños seguros son más amigables y populares entre sus compañeros.

Por qué y cómo promover la seguridad en un niño

Es muy conveniente para los padres promover un vínculo seguro del niño hacia ellos. Existen muchos patrones claros del comportamiento paternal que promueven la seguridad. Aquellos padres que tienen niños seguros se comportan igual que sus hijos, o siguen el ritmo de ellos. Los padres de bebés seguros también son más extrovertidos y enfocan su emoción hacia sus bebés. Estos padres ríen más, son más expresivos. Tocan y cargan más a sus bebés.

En contraste, a las madres de bebés que son inseguros se les describe como "psicológicamente no disponibles". Ellas pueden estar deprimidas y les disgusta el contacto físico durante los primeros meses de vida del niño. Tienden a no ponerles atención y pueden rechazarlos.

EL ESTRÉS

Muy a menudo el ritmo de vida actual "apresura" a los niños porque los obliga a enfrentar separaciones y situaciones que los perturban antes de tener la madurez necesaria para hacerlo. Los pequeños perciben este tipo de "prisa" como un rechazo personal y como evidencia de que a sus padres no les importan. Apresurar a los niños llevándoles de una persona a otra para que los cuide, o esperar demasiado de ellos, obligarlos a obtener logros académicos o a tomar decisiones que no están preparados para tomar, es un rechazo. Apresurarlos no sólo afecta su bienestar emocional, sino también el físico.

Consideremos a Pedro, que tiene cuatro años y cuyos padres trabajan. Se le inscribe en una guardería privada y se le deja con una vecina todas las mañanas porque sus padres tienen que salir temprano. La vecina prepara a Pedro para que lo recoja cualquier persona que esté haciendo la ronda para llevar a los niños a la escuela. Esta persona lo lleva a la escuela antes de las nueve de la mañana. Al final del día se invierte el proceso y, para cuando llega a casa, Pedro ha pasado fuera de su hogar casi 12 horas y ha tenido que adaptarse a un número de personas y lugares diferentes. Es una presión bastante fuerte para un niño de 4 años de edad y él tiene que confiar en sus reservas de energía para poder soportarla. No es de sorprender que en la escuela Pedro sea un poco rezongón o alborotador y que no esté muy interesado en jugar con otros niños. Es posible que se siente con la vista fija en el vacío: se ve que ha llegado al límite de sus reservas y que está llevando una carga pesada.

Todos pensamos que los adultos tenemos muchas presiones; sin embargo, los niños también las tienen. Existe una escala para medir dichas presiones (ver página 88). Una calificación anual de 150 está dentro del promedio, pero los niños que tienen calificación de 150 a 300 es casi seguro que estén mostrando síntomas de estrés, como depender de alguien, tener problemas de conducta, no poder dormir, no ser capaces de concentrarse, ser muy traviesos en la escuela, etc. Si tu niño tiene arriba de 300 existe una fuerte posibilidad de que enfrente un problema serio de salud o emocional y necesite ayuda profesional.

Los juegos son una forma natural para tratar el estrés en los niños. Como padre puedes ayudar con juguetes y juegos que le den un gran campo de acción. También recuerda que tu niño está aprendiendo de ti todo el tiempo, particularmente de tus acciones y actitudes. Así que si te concentras y enfrentas lo que está preocupando a tu hijo hoy, es muy probable que él haga lo mismo. Si eres un padre que trabaja, disfruta el tiempo que pasas con tu hijo y trata de no echarlo a perder, insistiendo en hablar del tiempo que no pasas con él y discutiendo el siguiente periodo de separación. Cuando te preocupas por el pasado y el futuro pierdes el presente y tus hijos no te tienen cuando estás junto a ellos.

LA SEPARACIÓN DE LOS PADRES Y EL DIVORCIO

Cuando los niños tienen que separarse de la gente que aman o de quienes confían, pueden experimentar una sobrecarga emocional. Los niños tienen que conocer el dolor que causa una separación –esto es una parte normal y saludable del crecimiento; sin embargo, una

CALIFICACIONES DEL ESTRÉS

☐ La muerte de un padre	100	☐ El hermano mayor se va de casa	29
☐ El divorcio de sus padres	73	☐ Problemas con los abuelos	29
☐ La separación de sus padres	65	☐ Un logro sobresaliente	28
☐ Viajes de trabajo de su(s) padre(s)	63	☐ Mudarse de ciudad	26
☐ Muerte de un familiar cercano	63	☐ Mudarse de barrio	26
☐ Su propia enfermedad	53	☐ Recibe o pierde una mascota	25
☐ Uno de los padres se vuelve a casar	50	☐ Cambia sus hábitos personales	24
☐ Uno de los padres pierde el trabajo	47	☐ Problemas con su maestro(a)	24
☐ Sus padres se reconcilian	45	☐ Cambio en sus horarios	20
☐ La madre se va a trabajar	45	☐ Mudarse de casa	20
☐ Cambio de salud en alguien de la familia	44	☐ Cambio de escuela	20
☐ La madre se embaraza	40	☐ Cambio de hábitos de juego	19
☐ Dificultades en la escuela	39	☐ Vacaciones con la familia	19
☐ El nacimiento de un hermano	39	☐ Cambio de amigos	18
☐ Profesor o compañeros nuevos	39	☐ Ir al campamento de verano	17
☐ Cambio en las finanzas familiares	38	☐ Cambios en sus hábitos para dormir	16
☐ Un amigo cercano está lastimado o enfermo	37	☐ Tener más o menos reuniones familiares	15
☐ Actividad extracurricular nueva	36	☐ Cambios en sus hábitos de alimentación	15
☐ Se altera el número de peleas filiales	35	☐ Cambios en sus hábitos televisivos	13
☐ Experimenta violencia en la escuela	31	☐ Fiesta de cumpleaños	12
☐ El robo de posesiones personales	30	☐ Castigado por mentir	11
☐ Cambio de responsabilidades en casa	29		

separación muy prolongada presiona en exceso al niño. Las separaciones de los padres y el divorcio "apresuran" a los niños porque los obligan a lidiar con pérdidas que, por lo general, no se presentarían hasta muchos años después, forzándolos a crecer prematuramente. Otras separaciones que podrían tener el mismo efecto son mudarse de casa, tener nuevos amigos y tener que asistir a una escuela nueva. El divorcio es especialmente estresante porque puede sentir que sus padres lo están dividiendo, pues alguno (o ambos) puede tratar de separar al hijo del otro progenitor.

Hoy en día, debido a que el divorcio es tan común, los niños a veces se sienten estresados tan sólo de pensar en esa posibilidad. El divorcio casi siempre afecta más a los niños que tienen el mismo sexo de quien deja la casa, que a los niños que tienen el del progenitor con el que se quedan a vivir. Una niña todavía tiene a su madre para identificarse si su padre se va de casa, pero un niño que se queda sin padre puede ser que nunca logre atravesar el proceso de identificación adecuadamente, y podría tener una idea muy confusa de su papel en la vida, así como falta de confianza y seguridad en sí mismo. Después de la separación de los padres, todos los niños sufren al menos por un corto periodo. En los primeros dos años después de un divorcio, los niños se vuelven más negativos, desafiantes, deprimidos, enojados y agresivos. Su desempeño en la escuela baja y pueden enfermarse más a menudo. Esta disfunción puede durar algún tiempo, un estudio descubrió que cinco años después del divorcio cerca de la tercera parte de los niños mostraban perturbaciones significativas incluyendo depresión.

Cómo puedes ayudar a tu hijo

Los efectos parecen ser enormes para los varones, particularmente a corto plazo. Ellos muestran más angustia, un comportamiento negativo, así como mayores problemas en la escuela. Sin embargo, no todo son malas noticias. Diversas investigaciones indican que en ciertos casos los niños sufren menos efectos negativos o éstos duran periodos más cortos. Los niños se ven menos perturbados a la larga si sus padres tienen pequeños conflictos abiertos antes del divorcio y se las arreglan para mantener la cordialidad después. Esto incluye que los padres deben ponerse de acuerdo sobre la crianza y disciplina de los hijos después del divorcio y que los niños vean al padre que no tiene la custodia en forma regular, manteniendo una relación positiva con él. Mantener un estilo de vida estable para los niños tanto como sea posible parece ayudar a que se adapten a un divorcio. Esta estabilidad incluye la seguridad financiera y emocional y el apoyo que necesita el padre que tiene la custodia. Quedarse en la misma casa y misma escuela, sin tener que adaptarse a muchos cambios, también es de gran ayuda.

pruebas sencillas

INTRODUCCIÓN

Como padre, estar con tu pequeño hijo y observarlo todos los días es como estar en un lugar único. Tú eres la primera línea de defensa en su bienestar y, por lo tanto, depende de ti vigilar su desarrollo y ser sensible a cualquier cosa que suceda fuera de lo ordinario. Para evaluar a un niño, los doctores tradicionalmente dependen de los reportes que les hacen los padres, porque ellos tienen información que otras personas no pueden tener, así que cuanto más conozcas acerca de tu hijo, más podrás ayudarlo.

Si sospechas que algo anda mal, no dudes en mencionarlo a tu doctor. Cuanto más pronto se trate un problema, mejores serán las posibilidades de corregirlo. Después de los tres años, es muy difícil aún para los especialistas, recuperar el tiempo perdido en el aprendizaje.

¿Cuáles son las pruebas?

Todas las pruebas que presentamos en la siguiente sección han sido adaptadas de las que tu pediatra hubiera usado si llevaras a tu hijo a que le hicieran una revisión especial de su desarrollo. Incluyen pruebas de visión, oído, observación, percepción, inteligencia y una lista de capacidades verbales. No deben ser consideradas como exámenes, éstos implican fracaso y ansiedad, sino como revisiones informales. Ciertas evaluaciones, como verificar el oído de tu hijo y su visión, son vitales a una edad temprana, ya que cualquier deterioro afectará su capacidad para un desarrollo normal. Otras pruebas, como las relacionadas con el lenguaje y la inteligencia, pueden ser utilizadas para confirmar que tu hijo se está desarrollando a un ritmo normal, pero una evaluación para ver qué tan dotado está tu hijo se debe dejar a los especialistas. De cualquier manera, a menudo los padres son poco objetivos para evaluar adecuadamente estas áreas.

Existen otras áreas importantes dentro del desarrollo del niño que incluyen aspectos como la sociabilidad y el desarrollo de la personalidad, que pueden ser controladas o vigiladas por los padres utilizando nuestras gráficas para crear las suyas propias.

Donde existen pruebas reconocidas, no veo razón para que no se hagan del conocimiento de los padres. No están hechas para llevar un registro formal, sino para que sepas qué buscar y así descubrir a tiempo las señales de advertencia y alertar a los expertos. Si conoces los procedimientos para hacer estas pruebas, te será más fácil elegir al profesional calificado en caso de que requirieras su ayuda, y podrás entender los métodos que emplee.

Interpretar las pruebas

Cuanto más grande sea el niño, más confiables son las pruebas. La razón principal es que un niño mayor tiene un dominio del lenguaje que le permite seguir las instrucciones. También, excepto en ciertas áreas como el oído y la visión, los resultados de cualquier "prueba" que realice un niño menor a un año, no pueden predecir logros.

Es muy importante que no veas la relación edad-resultado como si estuviera escrita en piedra. Es muy probable que tu hija no se encuentre exactamente en el punto medio de una prueba; en algunos casos estará adelante y en otros atrás. Las pruebas están basadas en lo que consideramos normal. Por ejemplo, en las pruebas de percepción, se dice que un niño de tres años debe ser capaz de mencionar un color. La mayoría de los niños de tres años pueden mencionar unos cuantos colores pero si no puede mencionar ni siquiera un color, seguramente hay un problema. Por lo tanto, con la ayuda de esta prueba sencilla, puedes descubrir un problema a tiempo. El texto te dará algunas pautas sobre lo que está fuera de lo normal y esto, más que el rango de edad sugerido, debe ser el factor determinante para buscar ayuda. No obstante, quizá haya una causa real para que te preocupes si tu hijo de manera consistente y repetida obtiene una calificación muy baja en las pruebas.

Es importante tener en mente que un desarrollo balanceado es la mejor meta. Un padre puede trabajar con un niño para alentar su precocidad en un área particular, pero esto se obtiene a costa del progreso en otras áreas que también son importantes.

Aplicar
las pruebas

Si vas a hacer alguna de las pruebas, piensa que se planearon para que fueran divertidas. No fuerces el ritmo o la duración. No hagas la prueba si ves que tu niño está aburrido o no quiere cooperar. Esto generalmente sucede si hay gente extraña involucrada en la prueba.

Cuando las pruebas requieran objetos particulares, generalmente los puedes encontrar en tu casa o, si se requieren imágenes, las puedes dibujar o recortar de revistas. Algunas de las pruebas de observación requieren cubos, dados y otros objetos que se pueden obtener en las jugueterías.

Factores como el tiempo necesario y el orden de los objetos o los sonidos que se presenten pueden ser cruciales para aplicar las pruebas, por lo que deberás tratar de seguir el procedimiento como se explica. Las pruebas deben realizarse en un lugar tranquilo, libre de distracciones, para que te sea más fácil supervisar las respuestas.

Quizás quieras repetir algunas de las pruebas, ya sea porque los resultados iniciales no fueron satisfactorios o porque quieres vigilar el desempeño de tu hijo un poco más. Ésta es una práctica común entre los especialistas. Lo importante es no ser obsesivo y asegurar que siempre sean una experiencia feliz y satisfactoria tanto para ti como para tu hijo.

IDEAR PRUEBAS SENCILLAS

Los profesionales de la conducta infantil aplican una variedad de pruebas para evaluar el desarrollo de los niños. Hemos adaptado muchas de éstas para que los padres las usen. Advertimos que no todas tienen que ser formales, rigurosas o requerir evaluaciones continuas. Durante el transcurso del día, mientras cuidas a tu hijo, puedes observarlo y recibir una retroalimentación útil. Por ejemplo, la hora del juego te permitirá monitorear su desarrollo en cuanto a sus habilidades sociales; mientras que la hora de las comidas te proporcionará evidencia precisa de cómo manipula las cosas. Las sesiones de prueba serán sucesos espontáneos, muy divertidos, que te darán la ocasión para mejorar el fuerte lazo de unión entre tu hijo y tú.

TRABAJAR CON GRÁFICAS DEL DESARROLLO

Tú puedes hacer tus propios "experimentos" para evaluar a tu hijo usando las gráficas denominadas "El curso normal del desarrollo". Como las gráficas muestran las etapas progresivas de tu hijo, es importante leer toda la sección para tener una idea general de su progreso. Por ejemplo, para probar el desarrollo físico de tu hijo, utilizando la gráfica de locomoción, deberás tener en cuenta lo siguiente.

La meta del desarrollo físico es la capacidad para ponerse de pie firmemente en dos pies, caminar, correr y saltar conservando el equilibrio y la coordinación. El primer avance ocurre durante el primer mes de vida y se inicia con el control de la cabeza. A partir de allí los sucesos que marcan el desarrollo de tu hijo son: el control de la cabeza a las 18 semanas, ponerse de pie por sí mismo a los 14 meses, caminar hacia atrás a los 21 meses, saltar a los tres años, y brincar con un pie a los cinco años. A través de estos sucesos puedes realizar una gráfica del desarrollo de tu hijo. Algunos niños son mucho más lentos y sus logros para adquirir habilidades físicas dependerán de los niveles de actividad natural y los estímulos físicos.

Teniendo en mente el patrón general del desarrollo, podrás concentrarte en aspectos más específicos. Si lees la cápsula de información debajo de cada edad, podrás probar sus habilidades haciendo lo que ahí se dice. Por ejemplo, a las 32 semanas (en el área de manipulación) un niño puede rasgar un papel. Para probar esta actividad dale algunos pañuelos desechables y obsérvalo.

En las siguientes páginas presentamos una lista más formal de los puntos que debes revisar al hacer una prueba y observar la respuesta. Esta lista se basa en la información proporcionada en la gráfica de "Locomoción".

PRUEBAS DE LOCOMOCIÓN

MOVILIDAD

Procedimiento
Siéntate a corta distancia de tu bebé y extiende hacia él tus brazos. Anímalo a acercarse a ti llamándolo por su nombre y ofreciéndole su juguete favorito.

Respuesta
A las 32 semanas tu bebé puede empezar a empujarse con sus glúteos hacia ti. No te alarmes si todavía no puede lograrlo. El hecho de que mueva su cuerpo y trate de alcanzarte es un proceso previo para lograr la movilidad.

HABILIDAD PARA PONERSE DE PIE

Procedimiento
Ofrécele a tu hijo tus dedos para que se sostenga, ayudándolo a que él mismo se jale para sentarse y ponerse de pie.

Respuesta
Para la semana 40 será capaz de moverse hasta sentarse o ponerse de pie y, si es capaz de sostenerse deteniéndose de un mueble, podrá estar feliz y manteniendo el equilibrio. Cerca de los 13 meses, si ha practicado el sostenerse con muebles que tengan las esquinas redondeadas, deberá sentir la confianza para ponerse de pie sin ayuda.

FUERZA DE LOS MÚSCULOS

Procedimiento
Recuesta a tu bebé boca abajo y pásale un objeto de colores que puede ser un juguete.

Respuesta
Hasta las cuatro semanas, tu bebé tiene poca fuerza en los músculos de su cuello. Sus ojos y su cabeza seguirán al juguete, pero sólo podrá levantar su cabeza de la cama durante unos cuantos segundos. Para la semana 12, deberá seguir el juguete y ser capaz de sostenerse durante un periodo más largo. Si practicas la misma prueba a las 24 semanas, tu bebé podrá levantarse sosteniéndose con sus antebrazos.

CONTROL DE LA CABEZA

Procedimiento
Toma a tu niño por los brazos y jálalo para que se siente.

Respuesta
A las seis semanas la cabeza de tu bebé colgará bastante cuando lo jales para que se siente. Entre las semanas 12 y 16, esta falta de control habrá disminuido, y para la semana 20 tendrá un absoluto control de su cabeza.

HABILIDAD PARA CAMINAR

Procedimiento

Tu niña empezará a caminar sosteniéndose de los muebles, así que deberás poner los muebles juntos para ver si ella puede moverse a lo largo de éstos. Viéndola de frente, ofrécele tus manos para darle seguridad y estabilidad, y observa si puede caminar hacia delante.

Respuesta

A la semana 48, tu pequeña deberá poder caminar de un lado a otro mientras se sostiene de los muebles y lo hará hacia delante si la sostienes de ambas manos. Al año, caminará si la sostienes solamente de una mano y para los 13 meses podrá dar su primer paso.

HABILIDAD PARA ESTAR DE PIE

Procedimiento

Prueba la habilidad de tu hijo mostrándole nuevas actividades como caminar hacia atrás, moverse rítmicamente, brincar o saltar al compás de la música y aní- malo a que copie tus movimientos.

Respuesta

A los 21 meses de edad tu hijo deberá ser capaz de caminar hacia atrás con facilidad. Para los dos años, deberán gustarle los movimientos rítmicos y sentirse muy a gusto bailando al compás de la música, aplaudiendo y cantando. Para los dos y medio años, deberá ser capaz de brincar y caminar de puntillas, y para los tres deberá poder brincar y disfrutar diversos juegos físicos.

COORDINACIÓN MUSCULAR Y HABILIDAD PARA MANIOBRAR

Procedimiento

Prueba su deseo de aventura, la coordinación de sus músculos y su habilidad para maniobrar consiguiéndole equipo y juguetes que pueda utilizar fuera de casa, como patines, patinetas y zancos.

Respuesta

A los tres años tu hija debe tener suficientemente fuertes los músculos de la pantorrilla y flexibilidad en sus pies para manejar una bicicleta. A los cuatro años, deberá ser muy activa y será capaz de realizar actividades que dependan de la coordinación de sus músculos como brincar, saltar y escalar los juegos del parque. A los cinco años su coordinación muscular ya está bien desarrollada y le gustarán los aparatos grandes de los parques; además podrá ser capaz de practicar sus habilidades motrices sobre patines y zancos, aunque sólo podrá usarlos durante periodos cortos.

VARIACIONES

Recuerda que éstas sólo son edades promedio para alcanzar ciertos logros y tu hijo probablemente desarrollará estas habilidades en una etapa más temprana o más tardía. Los expertos conceden un amplio margen para que un niño logre el objetivo, antes de considerar que un patrón en el desarrollo es anormal. Sin embargo, si ves que tu hijo muestra desviaciones serias, consulta a tu médico.

PROBAR EL GUSTO

Las papilas gustativas detectan cuatro sabores básicos: dulce, ácido, amargo y salado. Los bebés recién nacidos responden en forma diferente a los cuatro sabores. Cuando a un recién nacido se le da agua con sabor, parece hacer ciertas expresiones faciales características como respuesta. Si se ponen unas gotas de agua amarga en la lengua de un recién nacido, abrirá su boca ampliamente –¡como si estuviera en estado de shock! El hecho de que sus expresiones sean distintas nos indica que los sabores diferentes efectivamente le saben diferente a tu bebé.

PRUEBAS HASTA LAS CUATRO SEMANAS DE EDAD

DULCE

Procedimiento
Usando un gotero, deja caer un par de gotas de agua azucarada (de agua tibia, previamente hervida) en la lengua de tu bebé.

Respuesta
La carita de tu bebé debe relajarse y tendrá una expresión que se parece mucho a una sonrisa.

SALADO

Procedimiento
Con un poco de sal en tu dedo, introdúcelo en la boca de tu bebé. Hazlo sólo una vez, ya que como regla la ingesta de sal debe ser eliminada.

Respuesta
Tu bebé hará muecas y te empujará hacia fuera.

ÁCIDO

Procedimiento
Suelta dos gotas de jugo de limón muy diluidas en la lengua de tu bebé.

Respuesta
Tu bebé cerrará sus ojos, apretará sus labios y hasta puede estremecerse un poco.

Acción
No hay necesidad de consultar a un doctor a menos que tu bebé no registre una respuesta al probar los diferentes alimentos hasta la semana 24, cuando ya se le hayan administrado durante seis u ocho semanas. Los defectos en el sentido del gusto y el olfato son muy raros, pero si necesitas que te reconfirmen que tu bebé está bien, consulta a tu médico.

PROBAR EL OÍDO

Para que un niño pueda hablar correctamente debe escuchar una gran variedad de sonidos. Hasta que tu hijo demuestre que oye, imite y más adelante use correctamente las unidades fonéticas del habla, no podrás tener la certeza de que su capacidad auditiva es normal. Con los niños mayores la prueba es cómo responden al lenguaje hablado (ver página 103), pero con los bebés, tienes que juzgar por la forma como responden a diferentes sonidos (ver prueba a la derecha). Con un bebé de seis meses en adelante, las vocalizaciones espontáneas nos proporcionan señales de su capacidad para escuchar y utilizar el lenguaje hablado. Dichos sonidos deben ser observados y grabados. Existen otras señales para saber si tu bebé escucha. Las debes conocer y estar pendiente de que se presentan durante el primer año (ver la lista a continuación).

En las siguientes páginas hay algunos ejemplos de pruebas del oído para niños hasta de tres años. Tanto tú como tu hijo deben hacerlas divertidas, pero para conseguir resultados más precisos es necesario que las realices en una habitación silenciosa y debes estar presente en todo momento. Sigue cuidadosamente el procedimiento –como el orden en que se deben decir o tocar las cosas, o presentar ciertos objetos. Debes tener cuidado con la distancia usada, los resultados obtenidos y cualquier cosa que puedas decir durante las pruebas. Si te preocupa el resultado, quizás debieras compartir esta información con tu médico tan pronto como sea posible.

¿PUEDE OÍR TU BEBÉ?

A continuación te proporcionamos una lista de señales que puedes observar durante el primer año de vida de tu bebé:

Recién nacido

Tu bebé debe espantarse con un ruido fuerte y repentino. Deberá parpadear o abrir mucho sus ojos con esos sonidos.

A las cuatro semanas

Tu bebé debe notar sonidos prolongados y repentinos, como el de la aspiradora.

A las 16 semanas

Deberá tranquilizarse o sonreír con el sonido de tu voz aun cuando no pueda verte. También puede voltear su cabeza o sus ojos hacia ti.

A las 28 semanas

Deberá voltearse inmediatamente al escuchar tu voz dentro de la habitación o al escuchar ruidos suaves que vienen de afuera.

A las 36 semanas

Deberá escuchar atentamente los sonidos familiares cotidianos y buscará los que quedan fuera de su vista. También deberá mostrar placer al balbucear.

Al año de edad

Debe dar alguna respuesta cuando se pronuncie su nombre o con otras palabras familiares. También debe poder responder cuando le dices "No" y "Adiós".

PRUEBAS DE AUDICIÓN

24 SEMANAS A 18 MESES

Preparación

Cualquier adulto puede aplicar la prueba, pero el bebé deberá estar sentado en el regazo de uno de los padres. El padre o la madre se colocarán a un metro de una pared. La persona que aplique la prueba debe pararse al lado del bebé y fuera de su rango de visión. Para un bebé de 24 semanas, párate a 45 centímetros de su oído y ponte a ese nivel; para un bebé de 36 semanas o mayor, párate a 90 centímetros de distancia.

Sonajero suave y agudo

Trozos de papel tisú (papel de baño resistente)

Campana pequeña

Taza de porcelana o de cerámica de boca ancha y una cuchara de metal

Procedimiento

Haz sonidos en el siguiente orden: voz ("OO" –tono bajo; "PS"– tono alto), sonaja, cuchara golpeando la taza, papel desechable, campana. Pruébalos en ambos oídos. Si no obtienes respuesta la primera vez espera de 2 a 4 segundos; pues el bebé todavía puede responder. Si no hay respuesta inténtalo de nuevo.

Respuesta

Los niños de 36 semanas en adelante, al escuchar por primera vez el sonido, voltearán y sonreirán al mismo tiempo. Los bebés más pequeños pueden ser más lentos.

Acción

Una respuesta clara y precisa a tres de los cinco sonidos significa que tu bebé probablemente posee suficiente audición para poder hablar. Si la respuesta fuera menor, repite la prueba en dos semanas y consulta a tu médico si tuvieras duda.

La campana debe quedar fuera del campo visual del bebé

DE 18 MESES A 2 AÑOS

Preparación

Sobre una mesa baja, coloca una pelota, una vasija, un coche de juguete, una cuchara, una muñeca y un dado de 2.5 centímetros que sea de color diferente al del coche y sienta a tu hijo a la mesa, acompañándolo del lado opuesto, a la distancia normal de una conversación. Se sugiere que otra persona de la familia participe.

Procedimiento

Preséntale uno a uno todos los juguetes a tu hijo. Por ejemplo: "Éste es un coche". Luego muéstrale tu mano sin sugerir que estás esperando recibir el objeto y dile: "Dame la pelota… el dado… el coche… la muñeca", en ese orden.

Si tu hijo lo hace correctamente, dale la vasija a la otra persona y dile al niño que le vas a pedir que le dé los juguetes a la otra persona. Muévete a una distancia de dos metros y pídele a tu hijo que le entregue la pelota a papi … Luego muévete más lejos, hasta tres metros, dando las otras órdenes. Finalmente, pídele a tu hijo que ponga las cosas en la vasija y que te las lleve. Muchos niños de esta edad encuentran que les es muy difícil comunicarse adecuadamente a una distancia de tres metros. Si crees que te moviste demasiado, acércate a una distancia de dos metros y observa si tu hijo hace lo que le pides.

Respuesta

Si tu hijo no responde la primera vez, espera un momento ya que solamente puede tratarse de una respuesta tardía. Incluso puede levantar los juguetes incorrectos, volver a ponerlos en su lugar y coger los correctos. Si te da el juguete incorrecto, amablemente colócalo en su lugar otra vez y repite la orden. Si persiste en darte los juguetes equivocados, o te sigue dando los otros sin que se lo hayas ordenado, simplemente acéptalos. En un momento dado, cuando tu hijo esté distraído, haz un ruido vocal de tono alto, suena una sonaja, o arruga un papel, para asegurarte que responde volteándose hacia ti.

Acción

Si la respuesta es incierta y existe una razón para dudar que el oído de tu hijo sea normal, consulta a tu médico.

2 A 3 AÑOS DE EDAD

Preparación

Sienta a tu hija en el lado opuesto de la mesa con una vasija, una cuchara, una pelota, un coche, una muñeca y un dado, como en el caso de 18 a 2 años de edad. Asegúrate de tener una tarjeta a la mano para esconder tus labios como parte de la prueba.

Procedimiento

Preséntale todos los juguetes en el siguiente orden: vasija, cuchara, pelota, coche, muñeca y dado. Pídele a tu hija que te los dé uno por uno. Luego coloca la cuchara en la vasija diciendo: "Estoy metiendo la cuchara en la vasija".

Ahora muévete a dos metros de distancia y esconde tu boca ligeramente con la tarjeta, de modo que tu hija no pueda leer tus labios. En un tono de voz bajo, tipo conversación, pídele que ponga los juguetes uno a uno en la vasija. Luego muévete a tres metros de distancia y pídele que los saque otra vez, todos menos uno. Pregúntale qué se quedó en la vasija.

Respuesta

Si tu hija no responde a esta prueba, entonces intenta una conversación simple o, si esto es muy difícil, señala y nombra algunos objetos. La siguiente lista de vocablos sencillos puede ayudarte a probar que reconoce la mayoría de las vocales y las consonantes comunes: muñeca, zapato, nariz, vestido, brazo, pie, pelo, mano, boca, ojos, dientes.

Acción

Si el oído de tu hija parece normal, pero no es capaz de poner las palabras juntas para formar frases complejas y no mantiene un intercambio verbal espontáneo, deberá atenderla un médico.

PROBAR HABILIDADES VERBALES

Hagas lo que hagas, no confundas un desarrollo del habla con un aprendizaje tardío en cuanto a la claridad en el habla. El desarrollo tardío del habla es un impedimento para decir palabras solas que tengan significado. La claridad del habla es algo que surge gradualmente.

Causas del retraso en el habla

La forma confusa más común del habla infantil es el ceceo, una fase por la que atraviesan muchos bebés cuando empiezan a aprender a hablar. Se debe a que estos chiquitos empujan la lengua entre los dientes cuando dicen la letra "s". Esta condición casi siempre desaparece sin necesidad de tratamiento, pero puedes ayudar a tu hijo a evitar este defecto haciéndolo consciente de su manera de hablar y de los movimientos de su lengua cuando le das comidas que requieran ser lamidas o chupadas.

Probablemente la causa más común del desarrollo tardío del habla es que al niño no se le habla, no se le canta o no juegan con él. Todos los niños tienen un deseo natural de participar en las actividades, y si tú le hablas mucho a tu hijo, podrá participar en tu conversación. Ésta es una de las mejores formas para alentar el desarrollo del habla.

Antes de que empieces a preocuparte por un desarrollo tardío en el habla, pregunta a tu pareja y a los miembros de tu familia qué tan rápido empezaron a hablar, porque muy a menudo existe una historia familiar en el atraso del habla.

Debes tener en cuenta que las niñas tienden a hablar antes que los niños y que vivir en un medio bilingüe no retrasa el habla.

Una característica en el medio familiar de las personas que empezaron a hablar tardíamente, es una mayor inestabilidad emocional, un deseo de perfeccionismo, padres que restringen las actividades y la independencia aunados a la sobreprotección. En esta clase de hogar existe la confusión y la tensión. Tanto la desaprobación como las críticas paternas pueden retrasar el desarrollo del habla y ésta retrocede en un niño cuando llega un nuevo bebé.

Aunque tengas otros niños, no dependas de ellos para enseñar a hablar a tu hijo; un niño aprende más de sus padres que de sus hermanos o hermanas. Cada uno de los padres puede ayudar enormemente a su hijo en su desarrollo hablándole y leyéndole.

La sordera puede conducir a un desarrollo tardío del habla. Por ello es que las pruebas del oído (ver página 98) son muy importantes. Una bebé no aprenderá a hablar si es sorda. La lengua trabada, a menos que sea verdaderamente un caso muy severo, no interfiere con el desarrollo del habla. El abuso infantil casi siempre retrasa el desarrollo del habla.

Las primeras etapas en el desarrollo del lenguaje

Los investigadores mencionan 57 etapas clave que se presentan en los primeros tres años de vida. Todas ellas han sido seleccionadas debido a su significado como marcas del desarrollo lingüístico.

El lenguaje usa cualquier sistema para almacenar o intercambiar información. Por lo que no solamente incluye el habla sino también la capacidad de escuchar, comprender y comunicar por medios visuales –tales como las sonrisas, o reconocer personas u objetos familiares. Incluso los primeros gestos y los de imitación pueden ser considerados fenómenos del lenguaje.

Lista de las etapas importantes del lenguaje

La lista (ver página siguiente) ha sido dividida en tres secciones –expresión auditiva (vocalización temprana, nombrar los objetos, etc.), recepción auditiva (respuesta a los sonidos, palabras, órdenes, etc.), y visualización, principalmente para que se pueda hacer la diferenciación entre las causas auditivas, visuales y verbales del retraso en el lenguaje. Algunos niños no son capaces de formar palabras adecuadamente, pero tienen una comprensión auditiva normal y capacidades de comunicación visual normales. Por otra parte, un niño sordo puede presentar habla tardía porque su comprensión auditiva se lo impide, pero posee capacidades de comunicación visual normales. Así pues, las pruebas se crearon para presentar varios aspectos del retraso en el lenguaje. Recuerda que las edades mencionadas son edades promedio, lo que quiere decir que tu bebé adquirirá cualquier habilidad antes o después del tiempo aquí especificado, no precisamente en ese momento.

Resultados de las pruebas

Que un bebé no emita voz alguna es causa de preocupación y puede necesitar varias clases de pruebas, incluyendo las del oído (ver página 98). Si tu bebé permanece callado durante los primeros meses de vida, consulta a tu médico.

La primera palabra de tu bebé es crucial, pero el rango de normalidad es muy amplio. Si tu bebé puede decir una palabra con significado a los dos años, probablemente no haya ningún motivo de preocupación si le siguen más palabras. Si, por otra parte, tu bebé hace sonidos, pero sigue sin poder decir palabra alguna a los dos años y medio, deberás consultar a tu médico o una clínica de terapia del lenguaje.

Ciertos patrones del habla infantil como el ceceo o una ligera tartamudez son aceptables hasta los cuatro años; sin embargo, un habla marcadamente confusa deberá ser tratada por un terapeuta del lenguaje.

Para mayor información acerca de los problemas del habla, por favor refiérete a la página 167, "El niño que tartamudea".

ETAPAS CLAVE DEL LENGUAJE (EDAD PROMEDIO EN MESES)

EXPRESIÓN AUDITIVA

☐ *Arrullos*	*3.2*
☐ *Hace sonidos dirigiéndose a ti*	*2.6*
☐ *Risas*	*4.0*
☐ *Hace burbujas*	*7.3*
☐ *Balbuceo monosilábico ("dadadada")*	*10.0*
☐ *Balbuceo polisilábico ("agugutata")*	*10.8*
☐ *"Mamá"/"papá" (uso no específico)*	*10.1*
☐ *"Mamá"/"papá" (uso correcto)*	*14.0*
☐ *Primera palabra (además de mamá y papá)*	*17.0*
☐ *4 a 6 palabras sueltas*	*23.5*
☐ *Dice dos o tres cosas que quiere*	*20.8*
☐ *Frases de dos palabras*	*23.2*
☐ *50 o más palabras sueltas*	*25.6*
☐ *Cualquier uso de "mí" o "tú"*	*28.8*
☐ *Usa preposiciones*	*34.2*
☐ *Sostiene una conversación corta*	*34.3*
☐ *Da el nombre y el uso de dos objetos*	*34.4*
☐ *Uso correcto del pronombre "Yo"*	*36*

RECEPCIÓN AUDITIVA

☐ *Se pone alerta al escuchar la voz*	*1.0*
☐ *Voltea de lado al escuchar la voz*	*2.9*
☐ *Reconoce ciertos sonidos*	*3.1*
☐ *Voltea de lado al oír una campana*	*5.0*
☐ *Voltea de lado y abajo al oír una campana*	*8.2*
☐ *Deja de actuar ante la orden "no"*	*10.1*

☐ *Sigue órdenes con una sola acción*	*13.5*
☐ *Sigue órdenes con dos acciones*	*25.1*
☐ *Señala los objetos que se le nombran*	*27.0*
☐ *Señala los objetos descritos por su uso*	*32.6*
☐ *Capta órdenes con preposiciones*	*36*

VISUALIZACIÓN

☐ *Sonríe*	*1.5*
☐ *Reconoce a los padres*	*2.9*
☐ *Reconoce objetos*	*2.9*
☐ *Responde a las expresiones faciales*	*4.7*
☐ *Sigue con la vista la ruta de alguien*	*4.7*
☐ *Pestañea ante una amenaza*	*4.9*
☐ *Imita juegos de gestos*	*9.1*
☐ *Sigue las órdenes dadas con gestos*	*11.0*
☐ *Inicia juegos de gestos*	*12.0*
☐ *Señala los objetos que él desea*	*17.0*

PROBAR LA INTELIGENCIA

En 1905, la primera prueba moderna de inteligencia fue publicada por dos franceses. Se hizo a pedido del gobierno francés que estaba buscando una forma de identificar a niños que pudieran tener problemas en la escuela. Así que desde el principio, la prueba se basó en asumir que los niños se diferencian por su habilidad mental y que la prueba tenía el propósito de predecir el éxito escolar. Este aspecto de predicción de las pruebas de coeficiente intelectual (IQ) prevalece a la fecha.

Definición de la inteligencia

Debido a que los investigadores originales definieron la inteligencia como la inclusión del juicio, la comprensión y el razonamiento, las pruebas eran muy parecidas a las tareas escolares, incluyendo vocabulario o el poder de las palabras, la comprensión de hechos y sus relaciones, así como el razonamiento matemático y verbal. La clase de preguntas que se les hacían era: ¿Puede un niño describir la diferencia entre madera y vidrio? ¿Puede el niño pequeño tocar su nariz, su oreja y su cabeza? ¿Puede el pequeño decir cuál de dos objetos es más pesado? Todas estas pruebas eran maneras de medir las diferencias de la capacidad intelectual.

La "capacidad" como definición de la inteligencia ha dominado por muchos años. Una de sus más grandes debilidades es que ignora el hecho de que la inteligencia se desarrolla con el tiempo. Así, por ejemplo, tu pequeño de cinco años tendrá mucha dificultad para hacer una lista mental de cosas que se compran en el supermercado. Tu hijo de ocho años recordará las cosas más fácilmente, repasando la lista en su cabeza mientras camina a la tienda. A los 10 años, tu hijo utilizará estrategias mentales, técnicas y diferentes tipos de lógica para incrementar su memoria. Una teoría posterior de la inteligencia toma en cuenta estos procesos de aprendizaje por lo que el foco de atención se dirige hacia las estructuras del desarrollo del pensamiento, en lugar del poder de pensamiento y, por lo tanto, hacia patrones del desarrollo que son comunes a todos los niños.

Evaluación de la inteligencia

El enfoque más moderno de las pruebas sobre la inteligencia es verla como la capacidad para procesar información y entender los bloques de construcción del pensamiento, tales como mejorar la memoria o animar las estrategias de planeación. Por lo tanto, lo que nosotros examinamos es algo mucho más racional —es decir, qué tan rápidamente un niño adquiere las habilidades del pensamiento y las aplica a la vida diaria. Con un niño muy pequeño o en edad preescolar, las pruebas de inteligencia dependen de otros aspectos del desarrollo, tales como la adquisición del lenguaje y la capacidad para manipular objetos. Las pruebas profesionales sólo deberán ser interpretadas de los 30 meses de edad y en adelante.

Qué hacer para ayudar a tu hijo

Como padre deberás aceptar la inteligencia de tu hijo y no empujarla más allá de sus límites, pero tampoco subvaluarla; mírala como una cualidad que puede ser desarrollada mediante la enseñanza cuidadosa, con un énfasis en la estimulación y en los procesos del pensamiento. Examinar el coeficiente intelectual no debe ser competitivo y jamás compares a tu hijo con nadie más. Simplemente no es válida la comparación con otros niños, ya que los niños que tienen la misma puntuación en una prueba de IQ pueden variar en su desempeño en pruebas individuales y, por lo tanto, requerir ayuda completamente diferente. Tampoco deberás interpretar una prueba de IQ por sí sola; ya que ésta no toma en cuenta la creatividad o el talento artístico. Tienes que aceptar a tu hijo por lo que es, sabiendo que con la guía y el apoyo correctos puedes desarrollar su inteligencia.

Si tienes un hijo cuya inteligencia quede fuera de los límites normales, ya sea más alta o más baja, va a requerir atención especial y debes estar consciente de ello (ver página 158, "El niño especial"). Para darte una idea de la distribución de la inteligencia en toda la población, muy pocos niños son retrasados y, al otro lado de la escala, muy pocos son niños dotados. Lo más seguro es que tu hijo pertenezca a la mayoría.

Los contras de las pruebas de coeficiente intelectual (IQ)

Es justo darte los argumentos necesarios para que te opongas a una prueba de coeficiente intelectual, especialmente en las escuelas. El primer argumento es que estas pruebas miden cierta clase de capacidades útiles en las escuelas, pero no revisan un amplio rango de las otras habilidades que son igualmente importantes para tener éxito en la vida.

La mayoría de las pruebas de IQ es tendenciosa y casi siempre va en contra de grupos de niños que tienen menos oportunidades de experiencias en la vida. Un ejemplo de lo anterior sería la pregunta "¿Qué es lo que harías si otro niño te pega sin querer?" La respuesta que recibe la más alta calificación es "Irme", pero si vienes de un vecindario donde se le da valor al coraje, te quedarías y confrontarías al niño o hasta lo golpearías de vuelta, la respuesta "Irme" no tiene relevancia, y el niño que responde "Le contestaría el golpe", sería calificado con una baja puntuación.

Las pruebas de IQ a menudo son utilizadas sin rigor para predecir cuán exitoso será un niño más adelante en la vida, y cómo la inteligencia se desarrolla con el tiempo mediante la experiencia y la estimulación, esta práctica resulta ser una apreciación totalmente injusta.

PRUEBAS DE COEFICIENTE INTELECTUAL (IQ)

HASTA LAS 12 SEMANAS

Procedimiento
Cuelga un anillo frente a tu hijo.

Respuesta
Tu hijo deberá alcanzar el anillo.

32 SEMANAS

Procedimiento
Esconde un juguete debajo de una pieza de ropa.

Respuesta
Tu hijo deberá destapar el juguete que está escondido debajo de la ropa.

36 SEMANAS

Procedimiento

Coloca una canasta y algunos cubos y pídele a tu hijo que ponga los cubos en la canasta. Si al principio tu hijo no responde, puedes enseñarle cómo hacerlo.

Respuesta
Tu hijo deberá poner los cubos dentro de la canasta.

15 MESES

Procedimiento
Pídele a tu hijo o enséñale cómo construir una torre con tres cubos, uno arriba del otro.

Respuesta
Tu hijo deberá ser capaz de construir una torre de tres cubos, balanceándolos uno sobre el otro, sin que se caigan.

DE 3 AÑOS EN ADELANTE

La Escala de Inteligencia Wechsler para niños de tres años en adelante incluye 10 clases de pruebas divididas en dos grupos –las que se basan en las habilidades verbales y las que toman en cuenta el desempeño. Estas últimas no se concentran en la habilidad del lenguaje y prueban la percepción de tu hijo y la lógica.

Aunque las habilidades aumentan con la edad, los niños dotados realizan bien las pruebas y los niños con retraso salen mal en ellas, aunque puedan tener mejores resultados en las de percepción que en las verbales. El punto clave es que la mayoría muestra altas y bajas y esto podría alertarte sobre el área que necesita ayuda específica.

Las pruebas como éstas normalmente son aplicadas por expertos y requieren su interpretación para tener un resultado preciso. Sin embargo, quizás quieras probar con algunas si estás preocupado por el desarrollo de tu hijo. Después, si él o ella necesitara que se le aplicaran más pruebas, estarás más familiarizado con el procedimiento.

PRUEBAS VERBALES
Éstas están divididas en categorías e incluyen:

Información general: ¿Cuántos ojos tienes?

Comprensión general: ¿Qué es lo que haces cuando te raspas la rodilla?

Aritmética: Jaime tenía 10 canicas y compró cuatro más. ¿Cuántas canicas tiene en total?

Semejanzas: ¿En qué se parece una pera a una naranja?

Vocabulario: ¿Qué es una esmeralda?

PRUEBAS DE DESEMPEÑO
Se dividen en cinco categorías: completar una imagen, arreglo de imágenes, diseño de cubos, ensamblar objetos y códigos. Se ilustran en la siguiente página.

Completar una imagen

Muéstrale a tu hijo imágenes de objetos que le sean familiares y en los que falte una parte. Tu hijo deberá identificar la parte que falta, como el ojo que le falta al conejito.

Arreglo de figuras

Coloca sobre una mesa una fila de imágenes en orden incorrecto. Tu hijo deberá ponerlas en orden para hacer un cuento.

Codificación

Proporciónale láminas con figuras repetidas (rombos, estrellas, aros, etc.) Tu hijo deberá juntar las figuras por pares.

Ensamblado

Corta la fotografía de un objeto conocido a manera de rompecabezas. Tu hijo tiene que colocar las piezas correctamente tan rápido como sea posible.

Diseño con cubos

Usa un juego de cubos especiales (rojo, blanco, mitad rojo, mitad blanco) y pídele a tu hija que copie los diseños que le mostraste. Utiliza sólo cuatro cubos, pero conforme crezca, usa hasta nueve.

PROBAR LA OBSERVACIÓN

Los poderes de observación de tu bebé son la suma de diferentes aspectos del desarrollo, incluyendo el mental, la visión y el entendimiento general, y son evidentes antes de las 24 semanas de edad. Por ejemplo, a esa edad si pones una pieza de madera o hilo en el piso enfrente de donde está sentada tu bebé, lo buscará, lo notará, lo reconocerá y lo alcanzará, aunque no sea capaz de recogerlo todavía.

La edad ideal para empezar a aplicar las pruebas es, probablemente, alrededor de los 15 meses, pero hay algunas que puedes iniciarlas con antelación, aunque antes de los seis meses son extremadamente cuestionables. Muchas de nuestras pruebas requieren tablas especiales que pueden pedirse por correo (ver página 192).

PRUEBAS DE OBSERVACIÓN

15 MESES A 3 AÑOS

Edad	Acción	Edad	Acción
☐ 15 meses	*Inserta una pieza redonda sin que se le enseñe cómo.*	☐ 2 y medio años	*Inserta las tres formas, adaptándolas rápido después de un error.*
☐ 18 meses	*Apila las tres piezas una sobre la otra.*	☐ 3 años	*Inserta las tres formas sin error o corrigiendo de inmediato.*
☐ 2 años	*Coloca las tres piezas en los lugares correctos, en ocasiones con errores y corrigiéndolos.*		

Esta prueba requiere una tabla sencilla que tiene solamente tres formas diferentes.

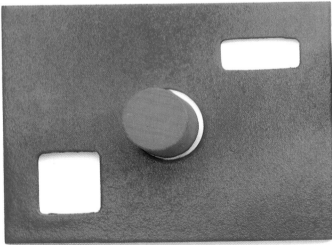

2 Y MEDIO A 4 AÑOS

Edad	Acción
☐ 2 y medio años	Coloca una forma
☐ 3 años	Coloca 3 formas
☐ 4 años	Coloca todas las formas

Tabla con fondo liso y formas de diversos colores.

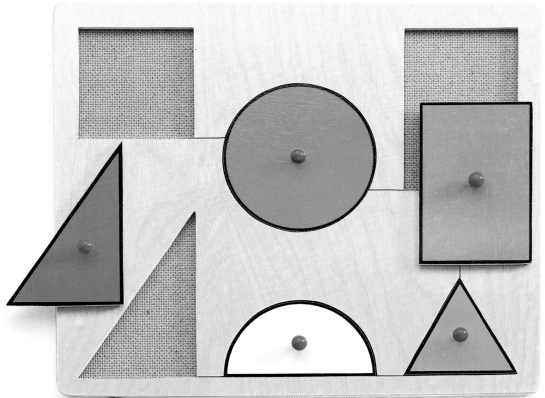

3 A 5 AÑOS

Edad	Acción
☐ 3 años	Coloca 4 formas
☐ 3 y medio años	Coloca 6 formas
☐ 4 años	Coloca 8 formas
☐ 4 y medio años	Coloca 9 formas
☐ 5 años	Coloca todas las formas

Una tabla de un solo color con 12 formas diferentes.

Se pueden utilizar
imágenes u objetos.

18 MESES A 3 AÑOS Y MEDIO

Edad	Acción
☐ 18 meses	*Señala 1 objeto común*
☐ 2 años	*Señala 1 objeto y nombra 3 objetos*
☐ 2 ½ años	*Señala 7 objetos y nombra 5 objetos*
☐ 3 años	*Nombra 8 objetos comunes*
☐ 3 ½ años	*Nombra 10 objetos comunes*

3 A 5 AÑOS

Edad	Acción
☐ 3 años	*Nombra un color*
☐ 4 años	*Nombra 2 o 3 colores*
☐ 5 años	*Nombra 4 colores*

Para esta prueba
pueden utilizarse
pinturas o papel
de colores.

3 Y MEDIO A 7 AÑOS

Utilizando esta tabla de formas más complicada, mide el tiempo que le toma a tu hijo completar la prueba. Conforme vaya creciendo podrá realizarla más rápidamente.

Edad	Tiempo
☐ *3 y medio años*	*56 segundos*
☐ *4 años*	*46 segundos*
☐ *4 y medio años*	*40 segundos*
☐ *5 años*	*35 segundos*
☐ *6 años*	*27 segundos*
☐ *7 años*	*23 segundos*

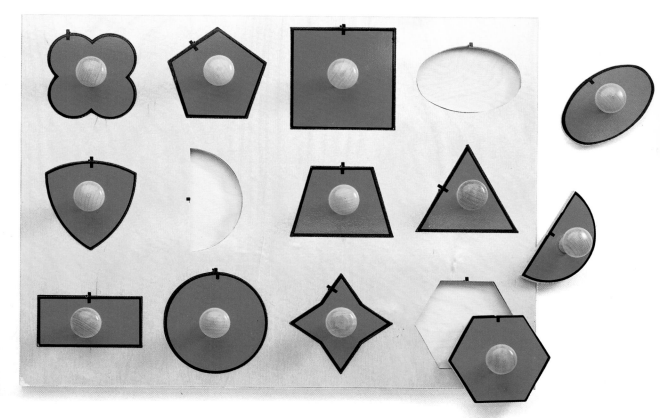

A PARTIR DE LOS 3 AÑOS

Procedimiento
Dibuja una persona que esté incompleta
y pídele a tu hijo que la complete.
Cuando haya terminado, revisa su
dibujo, discutiendo lo que añadió y
preguntándole qué más hace falta.
Ayúdale a agregar las partes faltantes.

Respuesta
Los dibujos de tu hijo se harán más y
más complejos con la edad. Puedes
esperar que dibuje 2 partes a los 3
años, 3 partes a los 4 años, entre 6 o
7 partes a los 5 años y 8 partes a los 6
años.

DE LOS 3 AÑOS Y MEDIO EN ADELANTE

Procedimiento
Pídele a tu hija que dibuje una persona y es-
timúlala a que lo haga lo mejor que pueda,
tomando todo el tiempo que necesite. Tu hija
recibirá un punto por cada parte del cuerpo que
ponga en su dibujo de acuerdo con la lista que presentamos en la siguiente página. Por cada cuatro puntos, se añade un año a su edad básica que
es de tres años. Así, si el dibujo de tu hija tiene
nueve partes del cuerpo, se le dará un nueve de
calificación y, por lo tanto, su calificación de edad
mental y su poder de observación será de 5 años
3 meses.

Acción
Algunos niños son por naturaleza observadores,
pero tú puedes alentar a tu hijo a fijarse en los
detalles señalándoselos constantemente. Llama
la atención de tu hijo hacia los colores, los olores, las formas y texturas resaltando cada vez los
detalles finos. Señálale los pájaros, las plantas,
los aviones, las mariposas –de hecho, cualquier
cosa que se mueva– y platícale sobre estas cosas.

POR CADA PARTE EN SU DIBUJO, DALE UN PUNTO DE ACUERDO CON LA TABLA:

☐ *Cabeza*

☐ *Piernas*

☐ *Brazos*

☐ *Tronco*

☐ *Que el tronco sea más largo que ancho*

☐ *Que indique los hombros; con brazos y piernas unidos al tronco*

☐ *Piernas unidas al tronco en el punto correcto*

☐ *Brazos unidos al tronco en el punto correcto*

☐ *Cuello*

☐ *Cuello alineado con cabeza y tronco*

☐ *Ojos*

☐ *Nariz*

☐ *Boca*

☐ *Nariz y boca en dos dimensiones; que dibuje dos labios*

☐ *Que indique los orificios de la nariz*

☐ *Cabello*

☐ *Cabello que rebase el perímetro de la cabeza*

☐ *Que le ponga ropa*

☐ *Dos piezas de ropa no transparente*

☐ *Ambas mangas y pantalones*

☐ *Cuatro o más artículos de ropa que estén claramente indicados*

☐ *Vestuario completo sin incongruencias*

☐ *Que se vean los dedos*

☐ *El número correcto de dedos*

☐ *Los dedos dibujados en dos dimensiones*

☐ *Que los dedos sean más largos que anchos*

☐ *Que muestre el pulgar en oposición*

☐ *Las manos hacia abajo*

☐ *Que las manos se diferencien de dedos y brazos*

☐ *Articulaciones del brazo; hombro y/o codo*

☐ *Articulaciones de la pierna; rodilla y/o cadera*

☐ *Cabeza proporcionada*

☐ *Brazos proporcionados*

☐ *Piernas proporcionadas*

☐ *Pies proporcionados*

☐ *Brazos y piernas en dos dimensiones*

☐ *Que dibuje el talón*

☐ *Líneas firmes sin sobreposición en las uniones*

☐ *Líneas firmes unidas correctamente*

☐ *Una cabeza delineada y que no sea un círculo*

☐ *Tronco delineado y que no sea un círculo*

☐ *Brazos y piernas delineados sin hacerlos más estrechos en la unión con el cuerpo*

☐ *Rasgos simétricos y en la posición correcta*

☐ *Orejas*

☐ *Orejas en proporción y posición correctas*

☐ *Cejas o pestañas*

☐ *Que dibuje las pupilas*

☐ *Que los ojos sean más largos que anchos*

☐ *Mirada al frente al dibujar un perfil*

☐ *Mentón y la frente al dibujar un perfil*

☐ *Un perfil sin más de un error*

PROBAR LA PERCEPCIÓN

Un bebé está rodeado de una confusión ruidosa porque no le es posible distinguir imágenes y sonidos en el mundo a su alrededor. Conforme va creciendo, se adapta más a su medio, y puede concentrarse en dichas imágenes y sonidos con claridad.

Un infante percibe esto en las primeras semanas y si existe una estimulación particular dentro de un ambiente tranquilo, notarás cómo "captura" la atención de tu bebé. Esto quiere decir que los poderes de percepción de tu bebé están logrando su propósito y que puedes ayudarlo a desarrollarse.

*Ayudar a
tu hijo*

Inicialmente tu bebé se concentrará en rasgos prominentes, como tus ojos y tu boca que se mueve; así como en el serpenteo de tus dedos o en un juguete que pasas frente a ella. Conforme tu niña vaya creciendo, se concentrará en más y más detalles, y empezará a hacer distinciones que son bastante difíciles, como la diferencia de tamaño entre dos cubos y el tamaño que debe tener su puño para poder agarrar cada uno de estos cubos.

Después de varios meses, tu hijo se vuelve más y más eficiente al concentrarse en aquellos detalles que son importantes e ignorando el resto. Por ejemplo, tu hijo sabe que debe concentrarse en tu voz y así lo hará aunque se encuentre en un ambiente ruidoso.

El sentido del tacto es uno de los primeros centros de exploración. Es importante presentarle a tu bebé las diferentes texturas: suaves, ásperas, duras, así como las distintas formas como redondo o cuadrado. Esto le ayudará a examinar y conocer su mundo relacionando sus percepciones visuales con otras como el tacto. Tú puedes desarrollar las percepciones de tu bebé si le demuestras todo relacionado con una forma determinada. Muéstrale a tu bebé una pelota, que roce sus dedos con ella para que sienta la textura suave y después haz que ruede hacia él (puedes hacer esto con un globo cuando tu bebé es muy pequeño, de hecho desde las dos semanas de edad, si lo tienes sentado rodeado de y sobre cojines). Tu bebé percibirá con detalle la redondez, y tú le estarás enseñando el significado de esta información.

Puedes ayudar a tu hijo a que se concentre en algo importante y a desechar información, dirigiendo su atención hacia tus propios intereses; muéstrale las posibilidades de un juguete, así como los colores brillantes y formas interesantes. A temprana edad léele libros, señalándole las imágenes y los objetos, y nombrando las cosas. De esta forma lo ayudarás a que constantemente identifique lo irrelevante y aprenda a ignorarlo. Tu bebé debe dominar el discernimiento si quieres que sea capaz de concentrarse y tener periodos largos de atención.

PRUEBAS DE PERCEPCIÓN

16 SEMANAS

Esta prueba sencilla demuestra que tu bebé es capaz de hacer ciertas distinciones, como diferenciar entre chico y grande.

Procedimiento
Dibuja un círculo chico sobre un círculo grande y haz que lo vea tu bebé. A continuación muéstrale una tarjeta donde hayas dibujado un rombo chico sobre un rombo grande; tu bebé deberá distinguir la forma chica de la grande.

Respuesta
Ahora muéstrale a tu bebé una tarjeta donde hayas dibujado un triángulo chico sobre uno grande. Si tu bebé ya concibe la idea de que lo chico va arriba de lo grande, no demostrará ningún interés en esta imagen. Si en otro momento le muestras una tarjeta en la que aparezca un triángulo grande sobre uno chico, algo diferente, mostrará renovado interés por esta cuarta tarjeta.

24 A 26 SEMANAS

A esta edad, los bebés tienen percepción de la profundidad y puedes probarla, teniendo cuidado de que tu bebé no se resbale o se caiga.

Procedimiento
Sienta a tu bebita en un sofá o sobre una mesa que tenga 45 centímetros de altura. Contigo cerca, deja que se mueva sobre la superficie del mueble.

Respuesta
Tu bebé gateará hasta la orilla, pero allí se detendrá y no intentará ir más lejos, porque puede ver que hay una diferencia de altura entre la superficie sobre la que está y la de abajo.

36 SEMANAS EN ADELANTE

En esta época tu bebé concibe la "permanencia de un objeto", es decir, entiende que un objeto existe aunque no pueda verlo o se encuentre oculto a su vista. A partir de la semana 32 o 36, tu bebé se asomará por la orilla de la silla buscando el juguete que dejó caer.

Procedimiento
Practica dejando que tu hijo alcance un juguete que esté colocado en una superficie enfrente de él. Una vez que haya alcanzado varias veces el juguete, cambia el juguete y coloca un poco de papel entre el bebé y el juguete.

Respuesta
Tu bebé intentará mover el papel para encontrar el juguete, pues sabe que todavía está allí. Tu bebé seguirá buscando el juguete.

18 MESES

Desde las 24 semanas de edad, y en adelante, tu hija habrá estado desarrollando su propio "estilo de percepción", que depende de la velocidad o cuidado con el que examina los objetos o situaciones; a esto se le llama "tiempo conceptual". Un bebé de tiempo-lento permanecerá quieto y se concentrará fijamente en el objeto. A este niño se le llama reflexivo. Por otro lado, un niño de tiempo-rápido, se emocionará, hará ruiditos, despedazará el objeto y mirará hacia otro lado después de haberlo examinado por un periodo corto. A este niño se le llama impulsivo.

Para los 18 meses de edad, podrás darte una idea de qué tan reflexivo o impulsivo es tu hijo, aplicando una sencilla prueba.

Procedimiento

Muéstrale a tu bebé una tarjeta en la que haya ligeras variaciones de la misma imagen. De entre las seis imágenes que colocaste debajo, tu bebé va a seleccionar la imagen que sea igual a la figura de arriba.

Si tu bebé es un niño reflexivo, observará cuidadosamente todas las alternativas antes de hacer una elección y cometerá pocos errores.

Si tu bebé es un niño impulsivo observará todos los objetos rápidamente y escogerá uno que generalmente no es el adecuado.

Es poco probable que tu hijo cumpla exactamente con los rasgos de una u otra categoría; además de imprecisiones rápidas y precisiones lentas, también hay precisiones rápidas e imprecisiones lentas.

Acción

Hacer esta prueba te ayudará a ser más realista acerca de lo que puedes esperar de tu hijo. Por ejemplo, se ha demostrado que los niños reflexivos tienen más facilidad para aprender a leer, lo que si se piensa bien tiene sentido porque para leer se requiere la revisión cuidadosa de las formas de las letras. En las clases convencionales que se imparten en las escuelas, se requieren más habilidades reflexivas, por lo que estos niños tendrán un desempeño ligeramente mejor en la escuela que los niños impulsivos.

Sin embargo, el ser un niño reflexivo no siempre es mejor. Existen muchas situaciones en la vida cuando tienes que tomar una decisión rápida. Por ejemplo, cuando tu hijo sale a la calle a jugar con su patineta, tiene que tomar decisiones respecto al tránsito, los espacios libres, cruzar la calle, y a veces tiene muy poco tiempo para tomar la decisión. Desde luego, también hay veces en que una simple mirada es suficiente y por lo tanto un niño impulsivo tendrá ventaja sobre uno reflexivo.

3 AÑOS EN ADELANTE

El estilo de percepción puede describirse en términos de su habilidad para verse influido por el ambiente del fondo o su capacidad para ignorarlo. A esto se le conoce como "dependencia de campo" o "independencia de campo".

Las mediciones hechas sobre la independencia/dependencia de campo muestran una diferencia en los sexos en cuanto a que los niños son más campo-independientes y, por lo tanto, pueden escoger más fácilmente una forma en un fondo complicado que las niñas, quienes son campo-dependientes. Esto pudiera ser porque los niños son mejores para la visualización espacial desde más temprana edad que las niñas.

Tú puedes hacer la prueba de independencia/dependencia de campo a tu hijo, probando si es capaz de escoger una de entre varias formas geométricas básicas en un dibujo más complicado.

Procedimiento
Muéstrale a tu hijo una figura geométrica sencilla, como un círculo, cuadrado o triángulo, y luego, pídele que encuentre la figura exactamente igual dentro de un dibujo más complejo.

Respuesta
Tu hijo puede ser capaz de encontrar la forma dentro del dibujo. Para encontrar la figura, tu hijo tiene que ignorar otros rasgos del dibujo (el campo) y poner atención solamente en las formas abstractas. Generalmente, los niños se vuelven más y más campo-independientes conforme crecen. Entonces podrás presentarle formas más complicadas –un animal escondido, por ejemplo– dentro de fondos más complicados.

Acción
Sería de gran ayuda saber si tu hijo es campo-independiente. Si es así, generalmente será capaz de concentrar su atención con más éxito en objetos y tareas, mientras que los niños campo-dependientes tienden a concentrarse más en la gente; ésta puede ser la razón por la cual las bebitas, quienes son más campo-dependientes, son más sociables desde el principio. Si tu hijo es campo-dependiente, confiará más en signos externos y, por lo tanto, en que tú lo alientes y lo estimules. Por contraste, tu hijo campo-independiente, debido a su mayor habilidad para extraer partes de un todo, tenderá a ser mejor en algunas tareas cognitivas como aquellas que requieran visualización espacial como, por ejemplo, jugar ajedrez.

PROBAR LA VISIÓN

La agudeza visual refiere qué tan claramente podemos ver; una visión de 20/20 es normal. Los recién nacidos tienen una agudeza bastante pobre, tan baja como 20/800, pero mejora durante la temprana infancia y la mayoría de los bebés a las 16 semanas tienen entre 20/200 y 20/50. A partir de entonces, la agudeza visual se mejora y la mayoría alcanzará una visión de 20/20 a los 10 u 11 años. Si bien es cierto que tu recién nacido no puede ver cosas muy distantes, y probablemente no pueda ver lo suficientemente para imaginarse un objeto alto a tres metros de distancia, sí ve muy bien de cerca y puede enfocar sus ojos a 20 centímetros, distancia habitual entre sus ojos y tu cara cuando le das de comer. Si puede verte, lo más seguro es que veas una mirada de atención cuando tus ojos se fijan en los de él.

¿PUEDE VER TU BEBÉ?

A continuación te proporcionamos una lista que debes comparar con algunos de los signos generales que debes encontrar en tu bebé durante su primer año de vida.

Recién nacido

A los bebés recién nacidos les encanta ver las caras y principalmente observan la orilla de la cara o los ojos, pero también ven las cosas que se mueven –como la boca de un adulto. Si mueves tus ojos y abres y cierras tu boca de forma exagerada, como lo haces cuando estás emocionada, tu recién nacido responderá moviendo su boca y sacando su lengua.

A las 8 semanas

El cerebro de tu bebé se ha desarrollado más y su atención se concentra en lo que es un objeto, más que en su posición. Así que la visión de tu bebé se mueve para encontrar cosas y después para identificarlas. Ahora tu bebé debe poder reconocer tu cara y responder a ella con sonrisas y agitando los brazos.

De las 12 a las 16 semanas

Tu bebé no solamente mira el contorno de las cosas sino que se fija en los detalles y puede notar si dos imágenes están puestas horizontal o verticalmente. También puede hacer la diferencia entre imágenes que contengan dos cosas e imágenes que contengan tres cosas, y ya puede notar claramente las formas.

Entre las 20 y 24 semanas

Tu bebé puede ver tu cara y fijarse en los detalles; puede distinguir diferentes expresiones emotivas: la tristeza, el miedo, la alegría, y podrás ver la respuesta en su cara. Se emocionará cuando vea que estás preparando su comida.

De las 24 semanas en adelante

Tu bebé ya empieza a percibir que ciertas cosas son constantes como el tamaño, el tipo de objeto, la forma y el color. Identificará objetos y se dará cuenta que un objeto es permanente, aunque no lo vea. A esta edad tu hijo empieza a entender que tú continúas existiendo aunque no estés en la misma habitación que ella. Se acomodará en una posición que le permitirá ver objetos que le interesen.

Al año de edad

Tu bebé puede seguir rápidamente objetos en movimiento y verlos con bastante claridad.

De los 2 años en adelante

Tu hijo puede ver e identificar varias letras del alfabeto y, cuando se lo pidas, puede juntar las letras iguales a aquellas que se le hayan dado. Puede hacer lo mismo con los juguetes.

PRUEBAS DE LA VISTA

RECIÉN NACIDO

Procedimiento
Coloca tus dedos a una distancia de entre 20 y 25 centímetros de los ojos de tu bebé y muévelos a unos 30 centímetros de cada lado de su cabeza.

Respuesta
Tu bebé deberá seguir tus dedos a una distancia de 15 centímetros partiendo de la línea de en medio, es decir, de su nariz.

4 SEMANAS

Procedimiento
Coloca tus dedos a una distancia de entre 20 y 25 centímetros de los ojos de tu bebé, muévelos 30 centímetros de cada lado de su cabeza.

Respuesta
Tu bebé deberá seguir tus dedos en un rango de 45 a 60 centímetros.

12 SEMANAS

Procedimiento
Con tus dedos colocados a una distancia de entre 20 y 25 centímetros de los ojos de tu bebé, muévelos a 30 centímetros de cada lado de su cabeza.

Procedimiento
Deberá ser capaz de seguir tus dedos de un lado al otro por completo de modo que sus ojos se muevan en un campo de 180 grados.

Acción
Si tu bebé no puede seguir tus dedos en este campo de acción a las 12 semanas de edad, deberás consultar a un médico.

16 SEMANAS

Los ojos de un bebé recién nacido tienden a moverse independientemente pero la visión binocular (cuando un ojo sigue el movimiento del otro para que tu bebé empiece a ver las cosas en tercera dimensión) se presenta hasta la semana 16.

Procedimiento
Muestra un objeto conocido a tu bebé, como su biberón o un juguete, y tratará de alcanzarlo.

Respuesta
Cuando los ojos de tu bebé se fijen en el objeto, verás una respuesta en su cara: alegría al ver el biberón, o curiosidad cuando ve su juguete.

Acción
Si tu bebé no responde de esta forma a la vista de cosas interesantes, consulta a tu médico.

20 SEMANAS

Procedimiento
Verifica que tu bebé sea capaz de ver su propia mano, acostándolo boca arriba.

Respuesta
Tu bebé intencionalmente observará el movimiento de sus dedos y tratará de juntar sus manos de modo que sus dedos se puedan tocar.

24 SEMANAS

Procedimiento
Verifica que esté respondiendo al estímulo colocando juguetes a su lado.

Respuesta
Tu bebé ajustará su posición para ver los objetos, doblándose o bajando la cabeza para poder ver el objeto que le interesa.

Acción
Si tu bebé no se comporta de esta forma, deberás consultar a tu médico.

1 AÑO

Procedimiento
Para probar la respuesta al movimiento, mueve un objeto rápidamente por el campo de visión de tu hijo.

Respuesta
Tu bebé deberá ser capaz de seguir con sus ojos un objeto que se mueve rápidamente, sin necesidad de voltear su cabeza.

Acción
Si tu bebé no sigue el objeto en movimiento, consulta a tu médico.

DE LOS 2 AÑOS EN ADELANTE

Procedimiento utilizando tarjetas con letras
Consigue dos juegos idénticos de las siete letras que se muestran abajo. Dale un juego a tu hijo. Levanta una letra y pídele que levante la que es igual. Después de haber hecho la prueba con los dos ojos, haz que tu hijo se cubra uno y haz la prueba. Después repite la prueba con el otro.

Respuesta
La mayoría de los niños de tres años hacen coincidir las formas de estas letras sencillas: T, H, O, V y X a tres metros de distancia. Algunos niños de dos años también pueden hacer esta prueba, pero muchos confunden la V con la X. La mayoría de cuatro años hacen coincidir siete letras.

Procedimiento utilizando juguetes chicos
Para probar la visión a distancia, deberás darle uno de los dos juegos de objetos que hayas seleccionado (un coche, un avión y una silla, una muñeca pequeña y un cuchillo, un tenedor y una cuchara para niños). Camina a unos 3 metros de distancia y sostén cada una de estas cosas, pidiéndole que te muestre las suyas. Repite la prueba con cada ojo, pidiéndole que se cubra uno y después el otro. Será más fácil si sostienes los objetos frente a un fondo negro. Puedes probar la visión cercana pidiéndole que recoja dulces pequeños o migajas.

Respuesta
Los niños de dos años de edad deben ser capaces de hacer coincidir los objetos.

Acción
Si detectas cualquier defecto de la vista, lleva a tu hijo al médico.

PRUEBAS PARA DETECTAR PROBLEMAS ESPECIALES

VISIÓN PERIFÉRICA

Procedimiento

Aplica esta prueba como si jugaras. Utilizando un juguete, haz que tu hijo lo mire de frente y después lleva el juguete hacia un lado de su cabeza y comprueba si lo ve. Aléjalo un poco más haciendo semicírculos y haz que te indique cuando lo vea.

Respuesta

Deberá ver objetos en un ángulo de 180 grados.

DALTONISMO

Procedimiento

Utilizando cubos de colores, pídele que seleccione diferentes. Si no conoce los colores, enséñale un ejemplo, y pídele que te imite. A partir de los tres años sólo pídele el color.

Respuesta

Tu hijo debe elegir los bloques con colores correctos. Si se equivoca entre el rojo y el verde, puede ser que sufra de daltonismo. Esta característica prevalece más en los niños. El no poder identificar el rojo del verde es el rasgo más común; estos colores se convierten en sombras lodosas de color café.

ESTRABISMO

Procedimiento

Coloca a tu bebé de tal forma que su cabeza quede centrada y pídele a alguien que dirija una luz a sus ojos.

Después cubre un ojo, fíjate si el ojo se mueve al destaparlo. Repite el procedimiento con el otro ojo.

Respuesta

El reflejo de la luz debe presentarse en la misma posición en cada ojo. Al destaparlo, si uno de los ojos padece de estrabismo no se moverá.

Acción

Deberás hacerle a tu bebé la prueba del estrabismo a los seis, nueve y doce meses de edad como se describe arriba. Consulta a tu médico o llévalo a la clínica si tu bebé hace el bizco constantemente a cualquier edad.

FOTOSENSIBILIDAD

Procedimiento

Expón momentáneamente los ojos de tu hijo a una luz brillante y a intervalos frecuentes.

Respuesta

Si tu niño es sensible a la luz, le llorarán mucho los ojos y le molestarán. Consulta a tu médico.

para el aprendizaje

PARA EL APRENDIZAJE

La forma natural para que un niño aprenda es el juego. Para los niños, jugar y aprender no son conceptos opuestos; ellos se benefician de situaciones de "aprendizaje" que también disfrutan. Al utilizar juguetes para construir, trabajar con rompecabezas, dominó y juguetes de tela, y hacer coincidir colores, texturas y formas, los niños adquieren habilidades esenciales, que más tarde les permiten aprender a leer, escribir y contar.

Los juguetes educativos no son estrictamente esenciales para aprender, pues, de cualquier forma, los niños inventan sus propios juegos y juguetes; pero los juguetes bien diseñados pueden ser fuente de estímulo para explorar y descubrir cosas nuevas. Los juguetes tampoco tienen que ser costosos o complicados. Los mejores son los que fascinan a un niño, y con los que querrá jugar una y otra vez. A veces un simple artefacto casero, como una bandeja para lavar ropa que puede hacer las veces de barco, coche o alberca, les proporcionará horas de juego imaginativo. De hecho, para proporcionar a tu hijo la clase de juguetes que necesita para asegurar sus futuros logros intelectuales, ¡ni siquiera es necesario comprar un juguete "educativo"!

UN AMBIENTE ESTIMULANTE

Una de las formas para alentar el desarrollo de tu hijo es fomentar los juegos creativos en un ambiente atractivo. La forma como acomodas los juguetes determina si tu hijo jugará o no. Cuando los juguetes están apilados confusamente dentro de una caja, un niño no sentirá deseos de jugar con ellos. Mientras que los juguetes que están arreglados con un cierto orden dentro de espacios pequeños o sobre tablas chicas, lo estimulan a jugar, y hacer arreglos creativos.

También ayuda que haya espacios para jugar en áreas particulares: un arenero, una mesa para pintar y algún lugar donde tu hijo pueda chapotear en el agua. Siempre y cuando tomes las debidas precauciones, la cocina es un lugar ideal para jugar; puedes disponer mesas y sillas especiales, una estufa de juguete, algunos platos y hasta algunas cazuelas y sartenes para que puedan jugar. Siempre es posible arreglar una esquina para las muñecas, donde cada noche tu hija pueda acostarlas y levantarlas para desayunar. Los juguetes pueden ser sencillos, las cunas puedan hacerse con canastas recubiertas con tela, y una silla muy chica o un ropero son detalles que dan realismo a una casa de muñecas.

Un ambiente atractivo no debe estar confinado solamente al interior de una casa. Si tienes jardín, lo puedes llenar con el equipo adecuado: un arenero, un columpio, una resbaladilla, un sube y baja, una pequeña colina recubierta de pasto, todo aquello que estimule la imaginación de tu hijo.

ESCOGER LOS JUGUETES

Quien lo haya experimentado simpatizará con el sentimiento de frustración que experimentamos cuando, habiendo pasado horas eligiendo el juguete más seguro, colorido, divertido y educativo, el muy mal agradecido e inconsciente niño se olvida del juguete nuevo y se aferra de inmediato a la tapa de su cacerola. La lección que se tiene que aprender es que es casi imposible escoger el "mejor juguete". El mejor es el que le fascina y al que regresa obteniendo más estimulación y alegría. Puede costar mucho o puede no costar nada, pero es el juguete que disfruta y le proporciona la mejor experiencia para aprender.

Contra lo que los padres creen, cuanto menos complicado y más básico sea un juguete, mayor es la posibilidad de que estimule la imaginación de un niño. Un pedazo de madera puede ser usado como espada, varita mágica o bastón, y puede ayudar más a la creatividad que una muñeca cara que sólo representa un personaje.

Existen algunos juguetes que están muy bien diseñados y que proporcionan el estímulo necesario para explorar, aprender y descubrir cosas nuevas. A continuación, describo algunos criterios que te ayudarán a elegir el juguete que quieres.

Que sea apropiado a su edad

Tienes que recordar que los niños cambian rápidamente, sobre todo en los tres primeros años, y que un juguete que entretiene a un bebé de dos meses no será igual para uno de dos años y viceversa. Conforme se desarrollan, los niños necesitan diferentes estímulos y la elección de los juguetes debe reflejar estas necesidades. Es muy importante que los juguetes escogidos sean apropiados para su edad, si es muy avanzado, no sabrá cómo jugar con él y no se divertirá mucho. Si el juguete es muy básico, fácilmente se aburrirá.

Un niño muy pequeño necesita tener juguetes que estimulen sus cinco sentidos; los adecuados para un bebé de menos de un año le proporcionan experiencia con los colores, texturas, materiales y formas interesantes y variadas. Los que hacen ruidos y que reaccionan a las acciones, como las sonajas, le dan un sentido de control y alientan el desarrollo de las habilidades para manipular y coordinar.

Los bebés disfrutan los juegos de "meter y sacar", así que las piezas de diferentes tamaños y formas, las tazas de plástico, cucharas, juguetes para el baño, las jarritas y los discos que se insertan en piezas verticales de madera y las pirámides son muy populares. Uno de los juguetes más útiles y durables es un saco de piezas de diferentes tamaños y formas, que el pequeño puede disfrutar usándolas como juguetes para meter y sacar, pero que después utilizará en juegos más imaginativos como construir casas, barcos y otras cosas.

Cerca de los dos años, los niños adquieren la habilidad de rotar su muñeca, lo que les permite destornillar cosas y abrir puertas. Los juguetes con tapas que se destornillan, los módulos que encajan, los juegos más avanzados con bloques de diferentes formas y que sólo caben en un hoyo, y los tableros de formas, son excelentes para desarrollar las habilidades de niños de esa edad.

El niño en edad preescolar continúa disfrutando los dados, dibujar y pintar, así como cualquier objeto que estimule los juegos imaginativos. Puede empezar con juegos sencillos como el dominó. A mis hijos les encantan los juegos de mesa, son buenos porque fomentan en los niños el prever las consecuencias de una acción. Ten en cuenta que los juegos serán más educativos para tus hijos si participas. Los juegos de cartas, por ejemplo, no sólo ayudan a mejorar la habilidad numérica, sino también el dominio de la estrategia. Esta cualidad es importante, pues ayuda a los niños a trabajar teniendo un objetivo en mente; alienta la concentración, la capacidad de apegarse a un proyecto, acabarlo y acelera su desarrollo mental.

Versatilidad y estimulación

Una vez que hayas decidido el tipo apropiado de juguete para la edad de tu hijo, hay algunas otras cosas que deben considerarse al comprarlos. ¿Es totalmente seguro? ¿Es estimulante? ¿Tiene valor como juguete? En otras palabras, ¿este juguete es lo suficientemente versátil como para ser usado en muchas clases de juego e irá creciendo con tu hijo? Y, ¿es divertido? Para hacer una comparación sencilla: un costal de cubos es un "buen" juguete, puede disfrutarse en diferentes edades con igual placer, y estimulará el juego imaginativo y activo. Los juegos mecánicos no son tan buenos porque no hay mucho que puedas hacer con ellos y el niño se aburrirá.

Sabemos que los juguetes pueden ser educativos, pero también pueden enriquecer el tipo de percepciones que tu hijo experimente. Los juguetes más útiles en ese sentido son los que permiten que tu hijo haga algo con ellos, y que no lo obliguen a jugar de manera estereoti-

pada. Así pues, desde una edad temprana, los juguetes que se ensamblan o que pueden ser usados para construir, también les enseñan a los niños que pueden cambiar la apariencia de las cosas con su destreza. Además, estos juguetes mejoran su inteligencia espacial y su profundidad de percepción. Ya que los niños están más dotados en estas áreas, los juguetes de este tipo son muy buenos para las niñas.

Si tu hija prefiere la tapa de su cazuela, no te desesperes, los utensilios caseros pueden ser juguetes divertidos y seguros. La reacción de tu hija es el aspecto más importante al evaluar si has escogido o no el mejor juguete. No tienes que comprar lo último en juguetes educativos, cualquier cosa con la que esté fascinada tu hija será educativa para ella. Los niños aprenden naturalmente y cualquier cosa que le interese a un niño le estará enseñando algo.

Seguridad

La seguridad es obviamente el más importante aspecto a considerar cuando escoges un juguete para tu hijo. Aunque unos pocos golpes y raspones son parte natural e inevitable del juego aventurero de un niño, existen formas de asegurarte que le estás dando un juguete seguro y divertido, y no algo dañino. El viejo chiste que dice: "Le compramos a nuestra hija un juguete irrompible, para que pudiera romper sus otros juguetes" parece ser una verdad irrefutable para la mayoría de los padres que sabe lo destructores que pueden ser sus hijos. Por lo tanto, no sólo debes verificar que los juguetes no tengan fallas peligrosas de diseño cuando los compras, sino que debes asegurarte que no se hayan dañado y se puedan convertir en un artefacto peligroso. Por ejemplo, los ojos del osito, que estaban tan bien cocidos ¿se han aflojado de tanto jalar de ellos? ¿Se han roto las partes plásticas dejando las orillas afiladas? Los juguetes especiales para bebés muy pequeños tienen que estar cuidadosamente diseñados, pues los bebés no tienen la destreza para resguardarse de cualquier dificultad que pudiera causar un juguete.

Algunos puntos específicos que debes verificar:

☐ *¿Es suficientemente ligera la sonaja de tu bebé para prevenir heridas cuando tu hijo inevitablemente se golpee a sí mismo con ella?*

☐ *Las sonajas o los juguetes de plástico que sirven para morder, ¿tienen partes que tu bebé pueda tragarse?*

☐ *¿Tiene el juguete orificios donde puedan quedar atrapados sus dedos?*

☐ *¿Tiene el juguete hilos tan largos que puedan ser tragados o puedan enredarse alrededor del cuello de tu bebé?*

Cuando consideres comprar un juguete de peluche, asegúrate que pueda ser lavado en lavadora y que tenga colores permanentes ya que, aparte del disgusto que te provoca que se decolore, el tinte puede ser dañino. Los materiales utilizados no deben ser inflamables y el relleno tiene que ser seguro para que no pueda ser inhalado o tragado. Todos los componentes duros, como los ojos y narices, deben estar bien cosidos y no engrapados o sostenidos con alfileres.

Los niños más grandes y con mayor movimiento tienen un mayor potencial de destrucción y son inquisitivos por naturaleza; por lo que se llevarán a la boca, la nariz, las orejas y objetos pequeños. Una buena regla

☐ *Que los juguetes sean resistentes para que si se rompen no les salgan astillas o les queden orillas cortantes.*

☐ *Que todas las pinturas, crayolas y plastilinas sean no-tóxicas.*

☐ *Que los juguetes eléctricos tengan pilas suficientemente grandes; los que requieran pilas pequeñas, del tamaño de las que se usan para*

calculadoras, deberán ser evitados, ya que fácilmente las pueden tragar o empujar dentro de sus orejas o narices.

☐ *Que los juguetes eléctricos no representen un riesgo.*

☐ *Que los juguetes diseñados para cargar el peso de un niño, tales como los carritos o triciclos, sean fuertes y estables.*

para revisar un juguete es comprobar que ninguna de sus partes tenga menos de cuatro centímetros.

☐ *Instala los juegos de jardín sobre el pasto u otra superficie suave y plana.*

☐ *Regularmente se debe verificar que las resbaladillas, los columpios y otros juegos permanezcan fuertes, estables y sin corrosión.*

☐ *Nada en un equipo grande deberá causar cortaduras, rasgaduras o heridas.*

☐ *Asegúrate que todas las superficies sean tersas y seguras.*

☐ *El material de tiendas de campaña, casitas o túneles no debe ser inflamable.*

☐ *Cubre el arenero para evitar que los animales se posesionen de él o lo usen como orinal.*

☐ *Nunca permitas que los niños pequeños jueguen en los chapoteaderos sin supervisión: pueden ahogarse en unos cuantos centímetros de agua.*

Una vez que el niño es lo suficientemente mayor como para tener juguetes más grandes con los que pueda jugar en el jardín, surgen nuevos peligros. Los juguetes para exteriores deberán ser inspeccionados e instalados con cuidado y se debe verificar que no tengan fallas.

Es imposible proporcionarle a un niño un ambiente totalmente seguro, ya que por naturaleza son inquisitivos y ni los hogares ni los jardines están diseñados a prueba de niños. Pero si tomas medidas de seguridad sensatas y satisfaces la curiosidad de tu hijo con juguetes seguros, reducirás el riesgo de sufrir accidentes serios. Los niños pequeños siempre deben estar supervisados.

JUGUETES CASEROS

No tienes que gastar mucho para darle a tu hijo los mejores juguetes. Un vistazo a tu cocina y un poco de imaginación de tu parte, pueden dar a tu hijo horas de fascinante diversión.

Los recipientes

Los recipientes de plástico para guardar comida, los vasitos de yogur, los botes de helado, las tazas de plástico, las botellas desechables bien lavadas, las cacerolas y los sartenes, quizás sean los juguetes más sencillos y versátiles. Los envases plásticos de diferentes tamaños pueden utilizarse para practicar juegos de "meter y sacar". Coloca unos chícharos secos dentro de un recipiente cerrado y tendrás una sonaja o un instrumento musical. Consigue un par de cucharas de madera y habrás creado un tambor, ¡esto es muy efectivo con las cacerolas! Las latas grandes colocadas boca abajo en el jardín pueden simular un camino de piedras. Para un niño pequeño, los vasitos de yogur colgados de un gancho de plástico pueden convertirse en un móvil muy atractivo.

La comida

Las pastas, los frijoles y otros alimentos secos son muy buenos juguetes. Pueden utilizarse como un instrumento sonoro, pegarse en cartulinas para hacer un collage, y pintarse y ensartarse para hacer joyería (ver páginas siguientes). Supervisa a tu hijo: los chícharos y los frijoles pueden tragarse o introducirse en los orificios del cuerpo.

Las verduras, como las papas, poros y zanahorias pueden convertirse en sellos (ver páginas siguientes). La mayoría de los niños disfrutan cuando se les da un poco de pasta de galletas para que les den forma y las cocinen como si fueran galletas "verdaderas".

Cosas de papel

Los tubos de papel de baño o de cocina, con un poco de decoración, se convierten en dedos de una marioneta. Los títeres se pueden elaborar con una bolsa de papel. Las cajas de cartón para huevos, decoradas por dentro y por fuera, se transforman en monstruos estupendos, pues la tapa de la caja puede abrirse y cerrarse como si fuera una mandíbula.

Los carretes vacíos de hilo y amarrados a un hilo pueden convertirse en un juguete divertido para arrastrar, especialmente si se les pinta como si fueran serpientes u orugas.

JUEGOS CASEROS

Arcilla para hornear

Mezcla 225 gramos de harina de trigo y 350 gramos de bicarbonato de sodio en un recipiente grande. Añádele 360 mililitros de agua y bate la mezcla hasta que quede espesa y pareja. Pásala a una superficie fría y lejos del calor; cúbrela con un trapo húmedo. Una vez que la pasta se haya enfriado, amásala con las manos recubiertas con harina hasta que quede lisa y pueda doblarse. La puedes dividir en bolitas y mezclarla con colorantes artificiales para hacer una pasta de colores brillantes. Aplánala y corta diversas formas utilizando los moldes de galletas o las figuras que te apetezcan. Para secarlas, coloca las figuras sobre una charola y hornéalas a 250°C o 350°C hasta que se endurezcan.

Pompas de jabón

Diluye 180 mililitros de detergente líquido o shampoo para bebés en 1.8 litros de agua. Añádele 240 mililitros de glicerina para que sean más resistentes. Elabora un aro para burbujas, torciendo un limpiador de pipas y dándole la forma de un anillo.

Modelando la masa

Mezcla 625 gramos de harina, 300 gramos de sal y 75 mililitros de aceite vegetal en un recipiente grande. Agrégale de 240 a 480 mililitros de agua vertiéndola lentamente. Si la masa se hace pegajosa, ponle más harina; deberá estar seca y poder manejarse fácilmente. Para colorear la masa, divídela en bolitas y ponle unas cuantas gotas de colorante artificial. Apriétala y aplana la bolita sobre una superficie enharinada y allí mezcla el color. Si la masa se pone pegajosa, añádele más harina. Para lograr una masa que tenga olor agradable, añádele un poco de gelatina de sabor en polvo. Guarda la masa en una bolsa de plástico en el refrigerador. Dura aproximadamente tres semanas.

Pinturas digitales

Disuelve 125 gramos de almidón para ropa o 225 gramos de fécula de trigo en un poco de agua fría. Añádele 900 mililitros de agua hirviendo y hierve hasta que espese. Agrega 40 gramos de hojuelas de jabón neutro. Divide la mezcla en recipientes chicos y dale color con pintura de agua o colorantes artificiales. Casi cualquier objeto que tengas en casa puede utilizarse para crear impresiones interesantes y figuras. Por ejemplo, los peines, las clavijas, las esponjas, los carretes de hilo, los tubos de cartón. Las cajas de plástico para huevos y las charolas para hornear que ya estén viejas pueden convertirse en una bonita paleta para un niño que aspira a ser pintor.

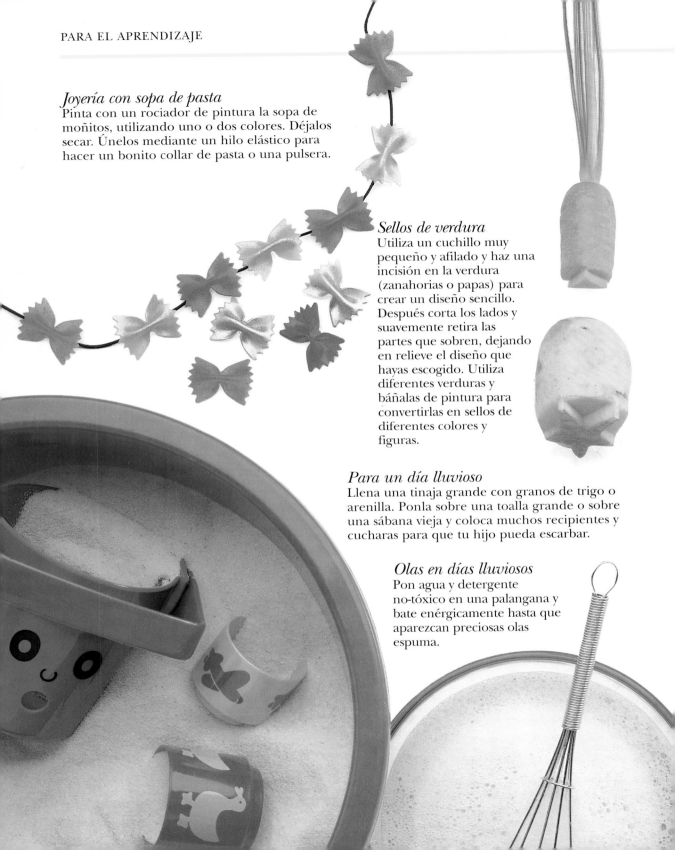

Joyería con sopa de pasta

Pinta con un rociador de pintura la sopa de moñitos, utilizando uno o dos colores. Déjalos secar. Únelos mediante un hilo elástico para hacer un bonito collar de pasta o una pulsera.

Sellos de verdura

Utiliza un cuchillo muy pequeño y afilado y haz una incisión en la verdura (zanahorias o papas) para crear un diseño sencillo. Después corta los lados y suavemente retira las partes que sobren, dejando en relieve el diseño que hayas escogido. Utiliza diferentes verduras y báñalas de pintura para convertirlas en sellos de diferentes colores y figuras.

Para un día lluvioso

Llena una tinaja grande con granos de trigo o arenilla. Ponla sobre una toalla grande o sobre una sábana vieja y coloca muchos recipientes y cucharas para que tu hijo pueda escarbar.

Olas en días lluviosos

Pon agua y detergente no-tóxico en una palangana y bate enérgicamente hasta que aparezcan preciosas olas espuma.

Pegamento

Hierve 180 mililitros de agua, 2 cucharadas de miel de trigo y una cucharadita de vinagre blanco en un recipiente. En otro recipiente, mezcla 125 gramos de fécula de trigo con 200 mililitros de agua, moviéndolo constantemente. Agrega la mezcla de fécula de trigo a la otra. Deja reposar el pegamento toda la noche antes de usarlo.

Adornos de papel aluminio

Arruga el papel aluminio para hacer "alhajas" u otras figuras. Córtalo en tiras con tijeras de picos para hacer cadenas. Dibuja triángulos en la orilla de una cartulina dorada y recórtalos para hacer una corona. Envuelve un tubo de papel de baño, añádele unos cuantos rizos imaginativos o pégale joyas de papel y podrás hacer unos adornos brillantes para una fiesta.

Pintura digital comestible

Mezcla 75 gramos de harina de trigo con un poco de agua en una cacerola. Moviéndola constantemente, hierve a fuego lento. Añádele 2 cucharadas de fécula de trigo mezclada con 4 cucharadas de agua fría. Deja que se enfríe y coloréala con colorante artificial.

Macilla para bebés

En un recipiente grande, mezcla 425 gramos de harina, 120 mililitros de aceite vegetal y 120 mililitros de agua. Amasa bien, y agrega colorante artificial.

LA COMPUTADORA

De niños, muchos tuvimos lagunas en nuestro aprendizaje. A algunos se nos dificultaba escribir ensayos, otros tenían problemas con las matemáticas. La computadora es un aparato maravilloso que nos permite conocer las relaciones matemáticas, y sus juegos y programas pueden ser el puente ideal que requiere tu hijo para llegar a conocer la construcción de las matemáticas. También es una forma en que los niños pueden llegar de inmediato al meollo del asunto que les ocupa, ya que con la computadora relacionan la acción de sus manos con un resultado en la pantalla. De esta forma, empiezan a conocer la alegría de la retroalimentación. La computadora les enseña cómo planear y resolver problemas, por lo que pueden aplicar estos conocimientos en otras áreas del aprendizaje o en sus actividades diarias. Pero aunque los niños en edad preescolar sean lo suficientemente competentes como para manejar con destreza una computadora, no se deberá permitir que esta actividad solitaria domine su tiempo.

LA TELEVISIÓN Y EL VIDEO

La televisión puede ser muy educativa. Existen programas que los enseñan a leer y contar, y los introducen a mundos llenos de imaginación o a diversas experiencias. Pero mientras que la antigua versión de "la hora de televisión" les proporcionaba el tiempo necesario y correcto para estar expuestos a ella, los avances tecnológicos (más opciones de canales, la televisión por cable y especialmente los videos), han hecho que los niños se "queden pegados" al televisor durante todo el día.

Lejos de estimularlos, la televisión tiene sobre los niños un efecto hipnótico y de aletargamiento ya que los aleja de la experiencia directa de su mundo, la cual necesitan para desarrollarse. Todos los padres saben que la televisión calmará a niños ruidosos y con frecuencia se sientan muy cerca del televisor para bloquear cualquier distracción externa. Puede ser muy tentador utilizar a la televisión como medio para distraer a sus hijos cuando no tienen tiempo o energía para concentrarse en sus juegos. Desgraciadamente, la televisión reduce el tiempo de contacto social con los padres, lo que es tan importante para el desarrollo social y lingüístico del niño. La hora del cuento, que idealmente involucra al padre y al hijo siguiendo una historia a través de un libro y que fomenta que el niño utilice su imaginación empezando a reconocer las palabras escritas, es reemplazada por la hora del video en la que el niño queda aislado y en la que él es un receptor de la información sobre su propio mundo, el cual quizá podría haber disfrutado más si lo hubiese descubierto por sí mismo.

Los padres sensatos pueden justificar el tiempo que "compran" al dejar que sus hijos vean televisión engañándose a sí mismos cuando

LA TELEVISIÓN IMPIDE QUE TU HIJO:

☐ *Revise y analice la información y después la aplique en situaciones cotidianas*

☐ *Practique sus habilidades motrices*

☐ *Practique la coordinación entre el ojo y la mano*

☐ *Utilice más de dos sentidos a la vez para ampliar la apreciación de su medio ambiente*

☐ *Haga preguntas y reciba respuestas educativas que lo ayuden*

☐ *Explore y utilice su curiosidad*

☐ *Ejercite la iniciativa o la motivación*

☐ *Le interesen los desafíos*

☐ *Resuelva problemas*

☐ *Piense analíticamente*

☐ *Use su imaginación*

☐ *Practique sus habilidades de comunicación*

☐ *Mejore sus habilidades verbales*

☐ *Escriba y lea*

☐ *Sea creativo o constructivo*

☐ *Desarrolle la concentración por largos periodos debido al constante cambio de escenas en la TV*

☐ *Desarrolle un pensamiento lógico y secuencial, pues la acción se mueve constantemente hacia delante, hacia atrás y lateralmente en el tiempo.*

dicen que sólo les dejan ver programas especiales para niños o educativos. Una nueva forma de analizar el tiempo que tu hijo pasa viendo televisión es considerar lo que no puede hacer mientras esté pegado al televisor.

Los padres pueden argüir que la televisión puede estimular la imaginación, ya que los niños actúan como sus personajes favoritos. Todos tuvimos personajes que nos encantaba imitar cuando éramos niños, pero si a los niños se les estimula de manera más activa, se convierten en brillantes inventores de sus personajes. La televisión produce una clase de flojera imaginativa ya que desempeña la función de la invención imaginativa.

Ver algo de televisión puede ser una experiencia valiosa para tu hija, puede aprender nuevos conceptos, tales como decir la hora y divertirse haciéndolo. También es otra fuente de información. Pero los expertos concuerdan que una hora de televisión al día es suficiente para los pequeños. De otra forma, el tiempo que deberían pasar practicando juegos activos, descubriendo cosas y comunicándose, se pierde y su desarrollo completo podría verse limitado.

LOS LIBROS Y LA LECTURA

Si tuviera que escoger una sola forma en la que un padre podría enriquecer el medio ambiente de su hijo y ayudarlo a desarrollarse bien, sugeriría que tuviera muchos libros en casa. Si disfrutas la lectura, habla de ello y tu hijo hablará de lo mismo. Las palabras son cruciales para nuestros cerebros: por lo tanto, leer es muy importante. Además, existe una correlación entre cuántos libros tienes en casa y cuánto leerá tu hijo cuando crezca.

Los libros son uno de los grandes placeres de la vida y son vitales si se trata de proporcionar a tu hijo las palabras necesarias para expresar sentimientos, ideas y pensamientos; también pueden ayudar a explicar el mundo en que tu pequeño vive –ya que describen relaciones, situaciones y personalidades. Los libros proporcionan el ímpetu para crear juegos, nos introducen a nuevas ideas y son divertidos.

Los jóvenes siempre imitan lo que hacen sus padres. Si tu lees libros, tu hijo también lo hará. En un principio, será de mayor provecho compartir la experiencia de la lectura. En casa, nuestros hijos conocieron los libros a partir del momento de su nacimiento y la lectura siempre fue una experiencia compartida. Una sesión de lectura puede durar sólo unos cuantos minutos si nuestro niño no está particularmente interesado, pero siempre "leemos" varias veces al día.

Encauzar a tu hijo hacia la lectura

Podrás inculcar en tu hijo el deseo de leer si él ve que leer libros es una experiencia exitosa y disfrutable. Trata de leerle todos los días o, por lo menos, varias veces a la semana y acostúmbrate a leerle a la misma hora.

Elige libros interesantes y adecuados al nivel de tu hijo, que sean atractivos visualmente. A los niños les gustan las imágenes y las fotografías de gente, lugares y acontecimientos que les son familiares. También les gustan las pinturas de animales. Los cuentos de hadas les fascinan. La teoría dice que pueden ser herramientas útiles para que aprenda sin dolor acerca del mundo y para que pueda distinguir entre lo real y lo irreal. Los cuentos de hadas fomentan el pensamiento abstracto y la imaginación creativa.

Los primeros libros de lectura deben ser cortos, con unas cuantas páginas, ya que los periodos de atención de tu hijo pequeño son breves. Deberán tener ilustraciones grandes. A muchos niños les gustan los libros con ilustraciones y sin palabras.

Asegúrate que sea fácil de entender. Un libro que tenga letras grandes puede parecer fácil, pero puede contener palabras difíciles. Mejor léelo primero para ver si tu hijo podrá entender las palabras.

Cuando le leas a tu hija, ella disfrutará más el momento si lo haces en una atmósfera relajada y acogedora. Mientras vayas leyendo, pasa tu dedo debajo del texto pero no la obligues a observar las palabras o seguir tu dedo.

Haz que tu hijo note cosas en las imágenes o se imagine lo que pasará después; felicítalo cuando lo haga.

Si tu hijo te pide que releas algún libro, podrás leerle su libro favorito muchas veces. La mejor forma para descubrir si tu hijo está interesado en un tema es ver cuánto habla acerca de él y cuán a menudo relee su libro favorito.

Cuando tu hijo indique que ya está listo para leer, ofrécele libros que puedan ser "leídos" aunque tu hijo haya memorizado las palabras. En una etapa posterior, verá estas palabras en otros libros y entonces podrá leerlas.

Dale a tu hijo libros nuevos que cuenten la misma historia repetidamente y donde aparezcan las mismas palabras.

No dejes de leerle a tu hija, aunque ya haya empezado a leer sola. Ella continuará disfrutando de tenerte cerca y estar juntas.

Enséñale a tu hijo a cuidar los libros, a mantenerlos limpios, en buenas condiciones y sin garabatos.

Guarda los libros en libreros bajos en el cuarto de tu hijo; es una invitación a su curiosidad. Asegúrate de que siempre tenga una buena variedad.

ACTIVIDADES DIRIGIDAS POR LOS PADRES

Ya que eres el primer maestro de tu hijo, existen muchas cosas que es mejor que no hagas. Debes estimular a tu hijo pero no deberás sobreestimularlo o forzarlo a llegar más allá de sus capacidades. No empujes a tu hija a que realice tareas académicas antes de que esté lista; sigue la pauta que ella te vaya dando.

Muchos padres emplean las lecciones, los libros de tareas, las tareas académicas, antes de que el mundo imaginativo de la primera infancia haya florecido. El tiempo natural para utilizar estas ayudas educativas es de los seis o siete años en adelante, no antes, pues le estarás robando a tu hijo los valiosos años de la primera infancia, vitales para la salud física y el desarrollo mental. Tratar de acelerar el desarrollo de tu pequeño lo coloca en una situación peligrosa y no existe ninguna ganancia aparente que justifique el riesgo.

En todos los ejercicios es importante ser entusiasta, apoyarlo, no criticarlo, animarlo y compensarlo con premios. Podrías dejarlo ver un programa de televisión o un video apropiado para niños. Si pudieras hacerlo, siéntate con tu hijo y discute con él lo que pasa en la pantalla. Desde luego, la mejor recompensa es tener tu compañía.

Ejercicios del lenguaje

El español es extremadamente rico, una frase puede tener muchas acepciones. Aun las palabras individuales pueden contener diferencias que tu hijo dominará gradualmente. Puedes ayudarlo demostrando interés en las palabras, en cómo las usas y lo útiles que son: toma el color rojo y piensa cuántas palabras existen para describirlo: corazón, fuego, carmesí, escarlata, buzón de correos, carro de bomberos, rosa, manzana, etc. Dale a tu hijo una lista como ésta para ampliar su colección de palabras.

Un niño puede entender el concepto de opuesto desde una edad muy temprana; por ejemplo: frío/caliente, grande/chico, bonito/feo. Para avanzar, puedes presentarle juicios más complejos, como palabras que describan estados anímicos entre la alegría y la tristeza; podría ser: emocionado, gozoso, feliz, contento, tranquilo, sereno, callado, enojado, deprimido, etc.

Una buena manera de aumentar el vocabulario de tu hija para que pueda describir sus sentimientos es dejar que escoja uno de sus objetos favoritos y describa qué sucedería si ella fuera ese objeto. Puedes escoger una campana y preguntarle qué sintió. Puede decir: "Me encanta sonar"; luego puedes preguntar qué clase de timbre es, y después, tomando en cuenta que las campanas están hechas de metal, ¿siente frío o calor? ¿brilla? ¿le gusta que alguien la tome y la haga sonar?

Los niños empiezan a hacer preguntas antes de los tres años, así que deberás empezar a cuestionarlo. En un inicio con preguntas muy sencillas: ¿cómo trabaja ese juguete? Pero luego pueden relacionarse más con la experiencia de tu hijo: ¿Puedes pensar en algo que se parezca a lo que acabas de decirme? El elemento crucial es que deberás escuchar sus respuestas, no decir si es correcta o incorrecta, sino usarlas para extender la plática.

A todos mis hijos les gustaba buscar tesoros, especialmente cuando trataban de imaginar lo que querían decir las pistas. Ésta es una forma muy sutil de familiarizar a tu hijo con los "códigos" del lenguaje, las abreviaturas, y los significados que puedan leer entre líneas. Conforme vayan creciendo, puedes hacer códigos más complicados; puedes escribir una rima sencilla y subrayar las letras que compongan el mensaje. Esto ayuda a tu hijo a percibir el lenguaje, la lectura, la escritura y el uso de las palabras más como un juego que como una labor. Entonces podrá crear sus propios códigos, que descifrará con la ayuda de sus amigos.

Los juegos son una forma ideal de adquirir información. En nuestra casa, siempre teníamos nuestras propias reglas para ciertos juegos como Scrabble y Monopolio, y es muy buen ejercicio para tus hijos ayudarles a "romper las reglas". Como primer paso para romperlas, tienes que entenderlas. Luego, los niños tienen que aprender que las reglas son para ser interpretadas y no para vivir con ellas. Esto ayuda a considerar qué posiciones en la vida son negociables y dónde existe campo de acción para maniobrar. Si decides que en el juego de Scrabble se permiten los nombres propios que hayan sido incorporados en el lenguaje, como Kleenex u otros, tu hijo empezará a hacer distinciones muy sutiles y entenderá más claramente lo que está permitido o no en la vida diaria, y aprenderá acerca de las palabras.

Ejercicios para la imaginación

Desde la infancia le has dado a la imaginación de tu hijo rienda suelta; pero existen ciertas cosas que puedes hacer para animarlo a que la use aun cuando no estés allí para estimularla. Una de las mejores artes que puedes enseñar a tu hijo es la pintura, así como el uso de los colores, pero también modelar con arcilla o plastilina. La plastilina es buena porque tiene color, huele bien, no es sucia, puede usarse una y otra vez y parece estar viva porque se moldea mejor conforme se pone tibia. Dale a tu hija un poco de plastilina de color y sugiérele que la caliente con sus manos; el hecho de que cambie de forma estimulará su imaginación y ella deseará empezar a modelar sus figuras. Al mismo tiempo, entibia un poco de plastilina con tus manos y cuéntale un cuento simple que inspire a ambas en cuanto a lo que quieren hacer. Puedes preguntarle qué va a hacer ella y luego decir qué vas a hacer tú o qué pueden hacer juntas. Trata de terminar después que tu niña para que su imaginación vuele. Puedes dejarle usar la plastilina desde muy temprana edad, porque los pequeños disfrutan con su textura, amasando, y porque este material estimula la fantasía.

Un poco más tarde, puedes lograr que tu hijo construya sus juguetes. Esto no sólo alienta la creatividad sino también la destreza, el amor por las cosas bellas y el juicio. Existen infinidad de objetos que puede hacer, especialmente si ustedes están interesados en ciertas actividades, como coser, bordar, tejer, ensartar cuentas, hacer muñecas y regalos para sus amigos.

Hay muchos materiales naturales que pueden encontrar en sus excursiones fuera de casa. Coleccionen cortezas de árbol, ramas con formas hermosas, pedazos de troncos, plumas de pájaros, hojas con formas caprichosas y realicen pinturas y collages cuando lleguen a casa. Siempre podrás comprar material artesanal y otros juguetes especiales para hacer objetos, pero considera que estarás dando mayor libertad a la imaginación si permites que él mismo escoja el material con el que quiere hacer sus propios diseños.

El dibujo

Será de gran ayuda que tu hijo pueda hacer modelos de las cosas que suceden en la vida —ya sea copiando, dibujando de memoria o haciendo diagramas y diseños— y puedes alentar este hábito desde muy temprana edad utilizando rompecabezas. Pídele a tu pequeño que dibuje algo en un pedazo de papel, después pídele que lo corte en varias piezas para después volver a armarlo; empezará por unir dos piezas y luego lo hará con las piezas más grandes. Conforme vaya creciendo podrá dibujar con más detalle y cortar en diferentes formas, como las piezas de los rompecabezas complicados.

Puedes ayudar a que tu hijo esté más en contacto con sus sentimientos y reconocer los sentimientos de otros, dejándolo que dibuje caritas felices y tristes, al principio con tu ayuda. Después enséñale fotografías de personas que conoce y que decida cómo cree que se sentían en el momento de ser fotografiados. Esto no sólo ayuda a tu hijo a reconocer las emociones, también le enseña a relacionarse más con esas personas. Más adelante puedes introducir a tu hijo al mundo de los periódicos y las revistas. Desde los 18 meses, a mis hijos les gustaba hojear las revistas, nombrando objetos y señalando los que yo mencionaba y después, estando conmigo, les gustaba observar caras y que les preguntara: "¿Qué crees que esa persona está sintiendo?" o "¿Qué sentimiento expresa esa persona con su cara?" Luego sugeriría lo que podíamos hacer para acercarnos a esa persona y tranquilizarla.

Cuando tu hijo es un poco mayor, puedes dibujarle figuras sencillas con palitos y preguntarle qué significan las diferentes posturas en cuanto a los sentimientos. Puedes dejar que tu hijo dibuje sus propias figuras con palitos y que exprese las emociones que sienten.

Puedes usar los dibujos para ampliar la perspectiva que tu hijo tiene del mundo. Una idea muy simple sería dibujar lo que pasa cuando derramas agua. Pueden dibujar que alguien empuja una vasija con agua y ésta se derrama sobre el piso formando un charco. Esta clase

de ejercicio refuerza su memoria y le permite utilizar sus propias experiencias.

Siempre que estés contando o escribiendo un cuento, o cuando tu hijo tenga la edad suficiente para hacer cualquiera de estas cosas pregúntale si existe una parte del cuento que pudiera ser ilustrada. Al principio ayuda a tu hijo, pero después deja que él solo dibuje. Dentro de las conversaciones, puedes introducir la idea de las imágenes mentales y conseguir que describa la imagen que tiene en su mente, usando palabras y no sólo los dibujos.

Disfrazarse

Una de las mejores formas para incrementar su imaginación es enseñarlo a disfrazarse. Tu hijo puede convertirse en otro y descubrir lo que se siente ser alguien o algo más. También puede jugar a controlar situaciones en las que, en la vida real, se sentiría impotente. Además, puede llegar a superar sus miedos y temores, lo cual contribuye a construir la confianza en sí mismo.

Es muy fácil tener un caja de disfraces con diversas piezas de tu ropa vieja, sombreros, joyería y zapatos. Los niños podrán pasar horas enteras de diversión poniéndoselas y quitándoselas y actuando en una obra imaginaria, especialmente si invitas amigos de la misma edad para que jueguen. Desde el punto de vista práctico, deberás asegurarte que los disfraces sean fáciles de poner, que no se arrastren y no tengan cordones para ajustarse al cuello.

La mayoría de los niños considera que los accesorios son más importantes que los mismos disfraces y con unas cuantas cosas se puede crear un escenario. Puedes hacer una corona de cartulina y recubrirla con papel aluminio. Asimismo, puedes tener una amplia colección de sombreros.

JUGUETES (DE 0 A 6 MESES)

El bebé no es capaz de manipular mucho los objetos, por lo que busca conocer y experimentar el mundo a través, y principalmente, de la vista, del oído y del tacto. Le gusta observar las caras muy de cerca y prefiere los objetos que se mueven, que tienen mucho color y que hacen ruido. Crea un ambiente apropiado escogiendo sábanas para su cuna que tengan diseños alegres y vístelo con calcetines que tengan dibujos brillantes o caritas.

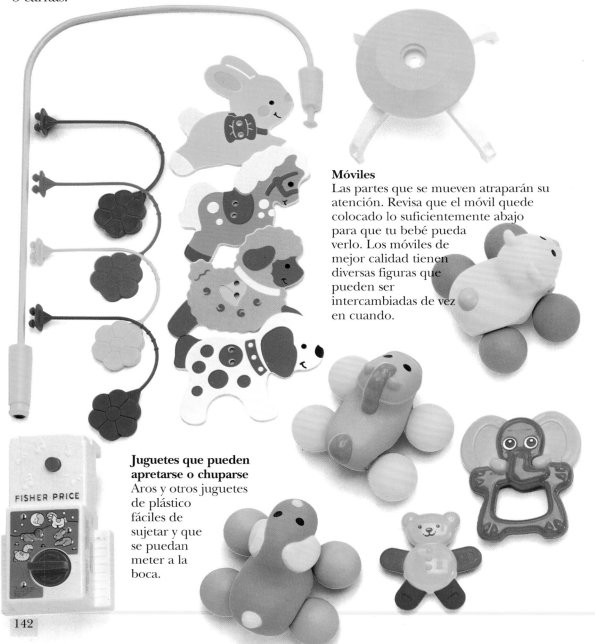

Móviles
Las partes que se mueven atraparán su atención. Revisa que el móvil quede colocado lo suficientemente abajo para que tu bebé pueda verlo. Los móviles de mejor calidad tienen diversas figuras que pueden ser intercambiadas de vez en cuando.

Juguetes que pueden apretarse o chuparse
Aros y otros juguetes de plástico fáciles de sujetar y que se puedan meter a la boca.

Juguetes o pelotas de peluche
Los más bonitos tienen diversas texturas.

Fotografías recubiertas de plástico y espejos para bebés
Estos objetos deberán colgarse al lado de la cuna para que el bebé pueda verlos.

Sonajas, campanas y juguetes ruidosos
Juguetes que hacen ruido cuando se avientan, o se les aprieta.

ACTIVIDADES Y JUEGOS PARA BEBÉS RECIÉN NACIDOS Y HASTA 6 MESES

	Actividades sonoras y con palabras	Cántale a tu bebé canciones de cuna mientras le das de comer, lo cargas, o lo meces para que se duerma.
	Actividades físicas	Baila con tu bebé: mécete, tararea y balancéate al ritmo de una melodía. Algunos juegos más sencillos que los bebés disfrutan incluyen los paseos sobre tu espalda mientras estás de rodillas.

JUGUETES (DE 7 A 12 MESES)

Una bebé más grande puede recordar conceptos simples e identificarse a sí misma, las partes de su cuerpo y la gente que le es familiar. Le fascinan las diferentes cosas y las explorará, poniéndolas dentro o sacándolas de un recipiente y buscándolas si están escondidas. A esta edad ya imita los sonidos y hace progresos para caminar. Deja que realice cualquiera de los juegos anteriores y ofrécele los siguientes juguetes:

Sonajas que se paran solas
Puedes colocarlas sobre su mesa para comer y cerca de su asiento para animarla a que les pegue.

Libros de cartón grueso, tela o plástico
Deberán tener ilustraciones sencillas y grandes y estar hechos de un material que pueda ser arañado, sacudido o masticado.

Pelotas
Varias de diferentes tamaños, tanto suaves como duras.

Juguetes que se muevan
Coches o animales con ruedas grandes de plástico.

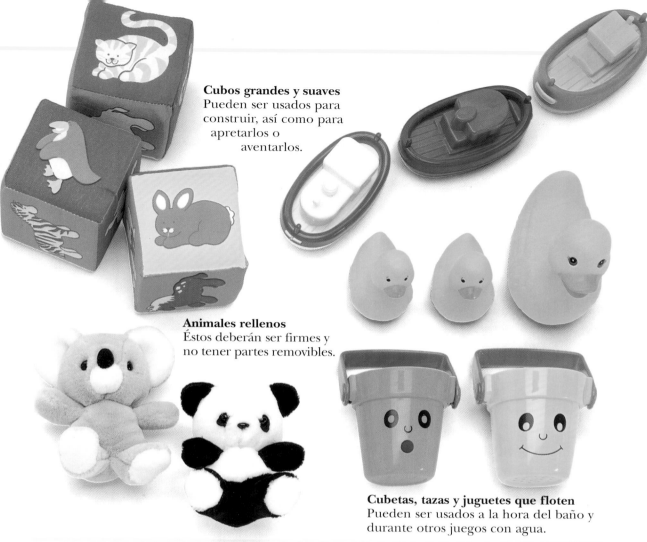

Cubos grandes y suaves
Pueden ser usados para construir, así como para apretarlos o aventarlos.

Animales rellenos
Éstos deberán ser firmes y no tener partes removibles.

Cubetas, tazas y juguetes que floten
Pueden ser usados a la hora del baño y durante otros juegos con agua.

ACTIVIDADES Y JUEGOS PARA BEBÉS DE 7 A 12 MESES

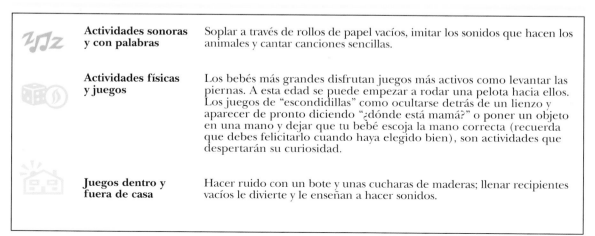

	Actividades sonoras y con palabras	Soplar a través de rollos de papel vacíos, imitar los sonidos que hacen los animales y cantar canciones sencillas.
	Actividades físicas y juegos	Los bebés más grandes disfrutan juegos más activos como levantar las piernas. A esta edad se puede empezar a rodar una pelota hacia ellos. Los juegos de "escondidillas" como ocultarse detrás de un lienzo y aparecer de pronto diciendo "¿dónde está mamá?" o poner un objeto en una mano y dejar que tu bebé escoja la mano correcta (recuerda que debes felicitarlo cuando haya elegido bien), son actividades que despertarán su curiosidad.
	Juegos dentro y fuera de casa	Hacer ruido con un bote y unas cucharas de maderas; llenar recipientes vacíos le divierte y le enseñan a hacer sonidos.

JUGUETES (DE 12 A 18 MESES)

Una vez que ya domine el arte de caminar, a un niño de esta edad le gustará seguirte por todas partes e imitar lo que haces. Asimismo, habiendo alcanzado cierta destreza manual, estará feliz experimentando con piezas que desafíen sus habilidades para manipular. Ahora que habla y entiende algunas palabras e ideas, le encantará escuchar cuentos.

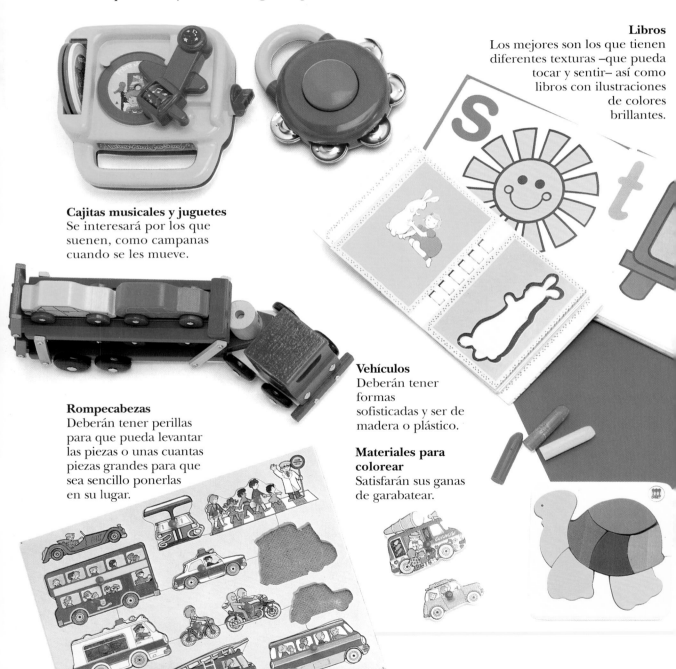

Libros
Los mejores son los que tienen diferentes texturas –que pueda tocar y sentir– así como libros con ilustraciones de colores brillantes.

Cajitas musicales y juguetes
Se interesará por los que suenen, como campanas cuando se les mueve.

Vehículos
Deberán tener formas sofisticadas y ser de madera o plástico.

Rompecabezas
Deberán tener perillas para que pueda levantar las piezas o unas cuantas piezas grandes para que sea sencillo ponerlas en su lugar.

Materiales para colorear
Satisfarán sus ganas de garabatear.

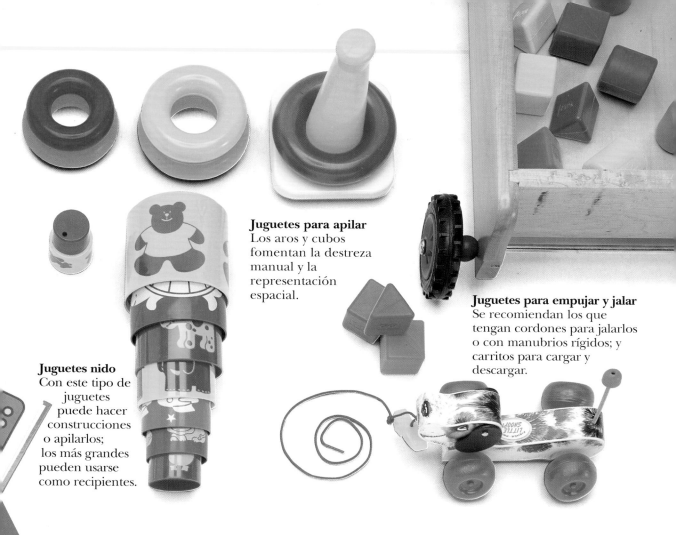

Juguetes para apilar
Los aros y cubos
fomentan la destreza
manual y la
representación
espacial.

Juguetes nido
Con este tipo de
juguetes
puede hacer
construcciones
o apilarlos;
los más grandes
pueden usarse
como recipientes.

Juguetes para empujar y jalar
Se recomiendan los que
tengan cordones para jalarlos
o con manubrios rígidos; y
carritos para cargar y
descargar.

ACTIVIDADES Y JUEGOS PARA NIÑOS DE 12 A 18 MESES

	Actividades sonoras y con palabras	Continúa con las canciones o melodías de cuna, que son excelentes para el desarrollo del lenguaje, y háblale a tu pequeño tan frecuentemente como te sea posible, usando un lenguaje adulto y no imitando el habla de un bebé.
	Actividades físicas y juegos	Los juegos que requieren movimientos sencillos como "Aplaudir", "Sigue al líder" y "Las escondidillas" (¡procura que no le cueste mucho trabajo encontrarte!) son buenos para que tu bebé libere energía.
	Actividades artísticas	Puede pegar estampas, colorear y pintar bajo tu supervisión. Asegúrate que todos los materiales sean no-tóxicos o utiliza algunas de las recetas que dimos en las páginas 130-133.
	Juegos dentro y fuera de casa	Los areneros y las bandejas para agua pueden darle muchas horas de diversión. Dale a tu hijo recipientes caseros o tazas de medir, burbujas de jabón hechas en casa (ver páginas 130-133) o juguetes comprados.

JUGUETES (DE 18 MESES A 2 AÑOS)

A una bebé de dos años de edad no le gusta compartir, aunque generalmente le gusta jugar con otros niños. Pasa más tiempo jugando sola si cuenta con juguetes que puede manipular en especial los que imitan las acciones de los mayores.

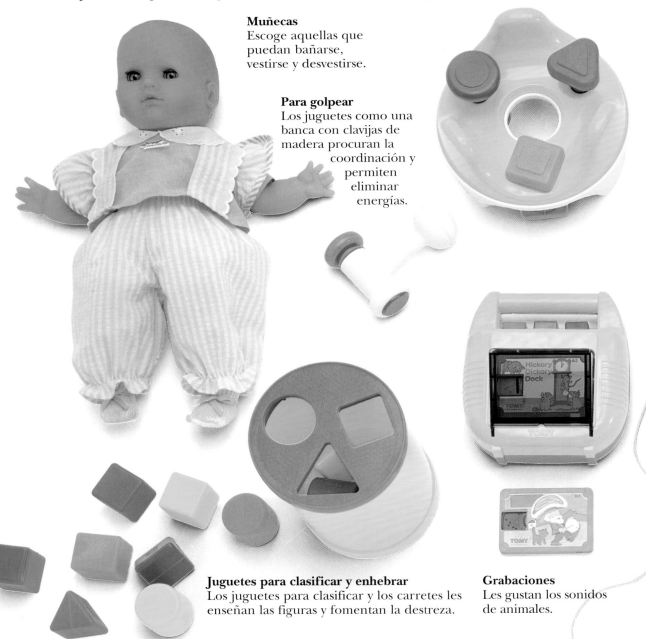

Muñecas
Escoge aquellas que puedan bañarse, vestirse y desvestirse.

Para golpear
Los juguetes como una banca con clavijas de madera procuran la coordinación y permiten eliminar energías.

Juguetes para clasificar y enhebrar
Los juguetes para clasificar y los carretes les enseñan las figuras y fomentan la destreza.

Grabaciones
Les gustan los sonidos de animales.

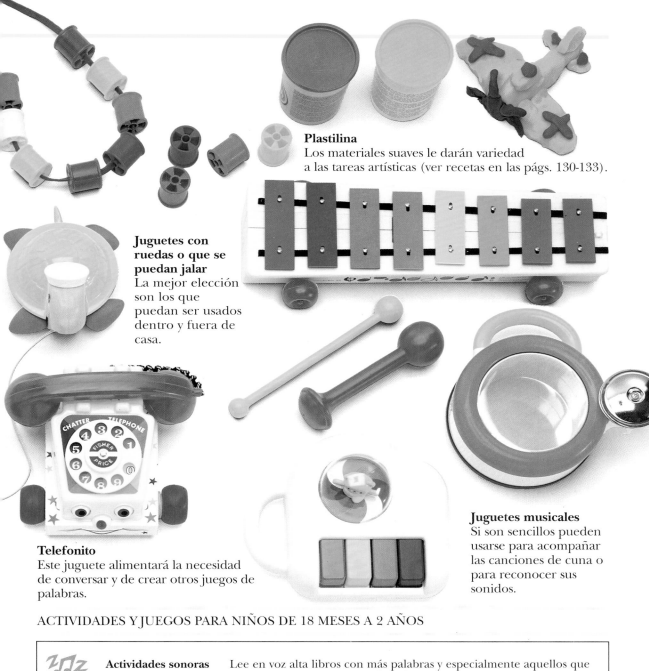

Plastilina
Los materiales suaves le darán variedad
a las tareas artísticas (ver recetas en las págs. 130-133).

**Juguetes con
ruedas o que se
puedan jalar**
La mejor elección
son los que
puedan ser usados
dentro y fuera de
casa.

Telefonito
Este juguete alimentará la necesidad
de conversar y de crear otros juegos de
palabras.

Juguetes musicales
Si son sencillos pueden
usarse para acompañar
las canciones de cuna o
para reconocer sus
sonidos.

ACTIVIDADES Y JUEGOS PARA NIÑOS DE 18 MESES A 2 AÑOS

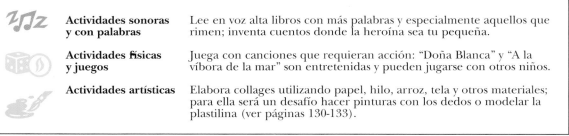

	Actividades sonoras y con palabras	Lee en voz alta libros con más palabras y especialmente aquellos que rimen; inventa cuentos donde la heroína sea tu pequeña.
	Actividades físicas y juegos	Juega con canciones que requieran acción: "Doña Blanca" y "A la víbora de la mar" son entretenidas y pueden jugarse con otros niños.
	Actividades artísticas	Elabora collages utilizando papel, hilo, arroz, tela y otros materiales; para ella será un desafío hacer pinturas con los dedos o modelar la plastilina (ver páginas 130-133).

JUGUETES (DE 2 A 3 Y MEDIO AÑOS)

Un niño de esta edad adquiere independencia, control del lenguaje y nuevas habilidades. Sin embargo, necesita ser observado porque no ha desarrollado totalmente su sentido de precaución. Le gusta construir cosas y tirarlas, juntarlas y separarlas; disfrutará todas las cosas con las que tenga que probar sus habilidades.

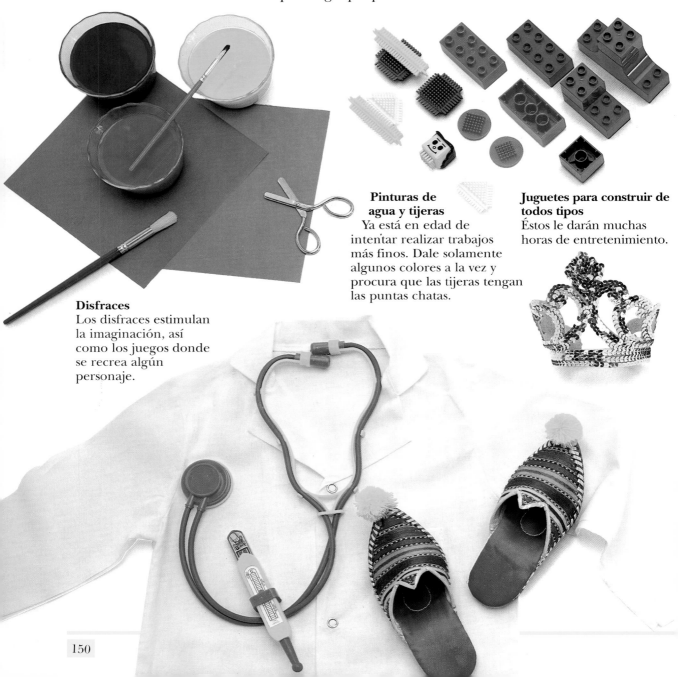

Pinturas de agua y tijeras

Ya está en edad de intentar realizar trabajos más finos. Dale solamente algunos colores a la vez y procura que las tijeras tengan las puntas chatas.

Juguetes para construir de todos tipos

Éstos le darán muchas horas de entretenimiento.

Disfraces

Los disfraces estimulan la imaginación, así como los juegos donde se recrea algún personaje.

Juguetes que pueda manipular
Puede intentar utilizar aquellos que requieran movimientos más finos.

Juegos simples y rompecabezas grandes
Escoge algunos con motivos familiares para que pueda jugar solo o acompañado.

Herramientas y utensilios caseros
Permítele a tu hijo que te acompañe en las labores caseras.

ACTIVIDADES Y JUEGOS PARA NIÑOS DE 2 A 3 Y MEDIO AÑOS

	Actividades sonoras y con palabras	Intenta juegos con el alfabeto y en los que se tenga que contar; enséñale trabalenguas sencillos y chistes.
	Actividades físicas y juegos	Ahora tu hijo ya cuenta con la habilidad suficiente para tener actividades y juegos que se realicen alrededor de la música, como el juego de "Las sillas", o los relacionados con imitaciones.
	Actividades artísticas	Ya es tiempo de empezar a utilizar la espátula para pintar, las crayolas y pinturas con hilos. Tu hijo también puede hacer sellos con papas o con zanahorias y con esponjas que él mismo recorte para darles forma.
	Juegos dentro y fuera de casa	Tu hijo deberá entusiasmarse cuando le pidas que realice proyectos sencillos de cocina como medir los ingredientes de una receta, cortar la masa o los sandwiches con moldes de galletas, hacer barquitos de apio rellenos de queso, adornar la comida con rebanadas de plátano o pepino, o poner la mesa. Las actividades relacionadas con la naturaleza, como platicar sobre los amaneceres, los atardeceres, el arco iris y las estrellas, coleccionar hojas y flores, o sembrar semillas, deberán ayudar a tu hijo a entender su mundo.
	Visitas	Deberás iniciar los viajes a la librería. Deja que tu hija elija libros sencillos con ilustraciones grandes.

JUGUETES (DE 3 Y MEDIO A 5 AÑOS)

El jugar con otros niños y compartir actividades es un aspecto importante en esta edad. Tu hija demostrará tener una verdadera curiosidad por todas las cosas. Preguntará toda clase de cosas y querrá probar sus habilidades físicas. Sus períodos de atención son lo suficientemente largos como para que se entretenga sola con diferentes actividades durante largo tiempo.

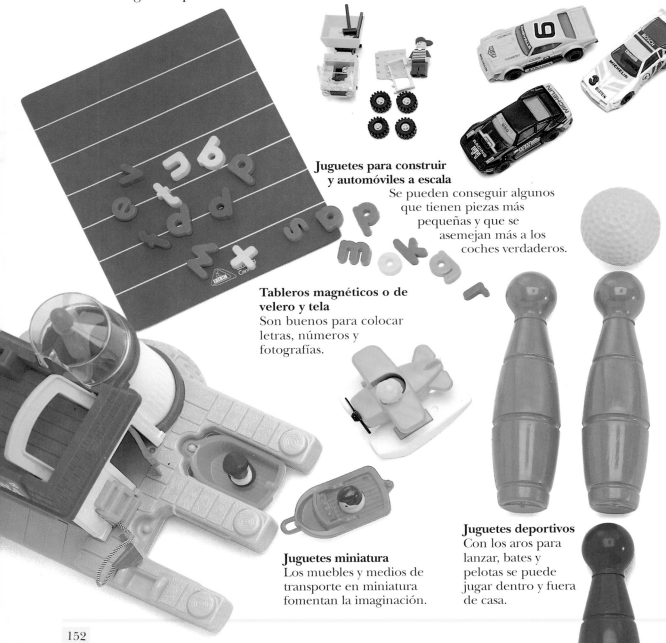

Juguetes para construir y automóviles a escala
Se pueden conseguir algunos que tienen piezas más pequeñas y que se asemejan más a los coches verdaderos.

Tableros magnéticos o de velero y tela
Son buenos para colocar letras, números y fotografías.

Juguetes miniatura
Los muebles y medios de transporte en miniatura fomentan la imaginación.

Juguetes deportivos
Con los aros para lanzar, bates y pelotas se puede jugar dentro y fuera de casa.

Libros

Libros sorpresa (pop-up) y de texto completo, los que tienen imágenes en tercera dimensión, tareas para desarrollar, y los de estudio o con temas científicos sencillos.

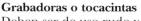

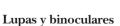

Grabadoras o tocacintas

Deben ser de uso rudo y utilizarse para tocar una selección de sus canciones favoritas o escuchar sus cuentos preferidos.

Lupas y binoculares

Tanto éstos como otros instrumentos científicos sencillos le darán a tu hijo mayor percepción de otros mundos.

ACTIVIDADES Y JUEGOS PARA NIÑOS DE 3 Y MEDIO A 5 AÑOS

	Actividades sonoras y con palabras	Concéntrate en rimas con números y canciones donde tu hijo tenga que contar. Estos son juegos donde puede practicar las matemáticas preescolares.
	Juegos	Tu hija disfrutará los juegos sencillos y variados con tableros como el juego de lanzar dados o mover piezas, así como los de cartas como el "Veintiuno".
	Actividades artísticas	Los niños de esta edad ya son capaces de hacer máscaras sencillas o marionetas fabricadas con bolsas de papel o tela. Crea tus propios muebles, coches o casitas de muñecas utilizando cajas de cartón, tubos u hojas de papel.
	Visitas	Puedes empezar a llevar a tu pequeño al cine, al teatro y a los museos donde estén exhibiendo películas u obras para niños; será muy emocionante ahora que tu hijo ya es capaz de apreciar lo que ve. Las visitas al zoológico o a los parques de diversión llamados "safaris" pueden convertirse en experiencias maravillosas para aprender cosas nuevas, siempre y cuando prepares de antemano a tu hijo explicándole lo que verá.

JUGUETES (DE 5 A 7 AÑOS)

La niña que asiste a la escuela muestra un interés creciente por la lectura, la escritura y las sumas sencillas. Tiene curiosidad por el mundo y la forma como trabaja; le gusta realizar actividades de "gente grande". Le emocionan las actividades sociales y disfruta planeando las cosas que va a hacer con una amiga.

Muñecas para vestir
Las que tienen una variedad de vestidos y accesorios le darán muchas horas de alegría.

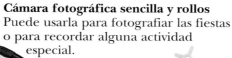

Cámara fotográfica sencilla y rollos
Puede usarla para fotografiar las fiestas o para recordar alguna actividad especial.

Versiones a escala de máquinas para adultos
Las cajas registradoras le servirán para imitar a los grandes.

Juegos sencillos de artesanías
Sellos de florecitas, agujas para tejer, madejas de hilo. Son artículos que una niña disfrutará muchísimo.

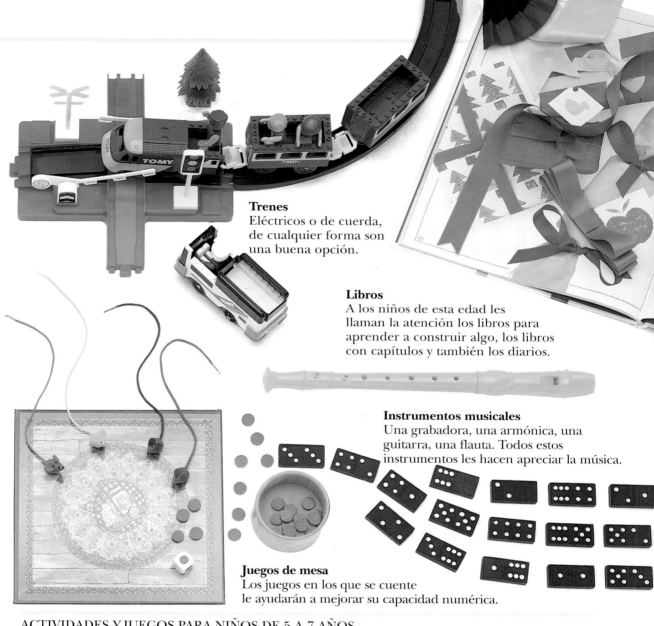

Trenes
Eléctricos o de cuerda,
de cualquier forma son
una buena opción.

Libros
A los niños de esta edad les
llaman la atención los libros para
aprender a construir algo, los libros
con capítulos y también los diarios.

Instrumentos musicales
Una grabadora, una armónica, una
guitarra, una flauta. Todos estos
instrumentos les hacen apreciar la música.

Juegos de mesa
Los juegos en los que se cuente
le ayudarán a mejorar su capacidad numérica.

ACTIVIDADES Y JUEGOS PARA NIÑOS DE 5 A 7 AÑOS

 Actividades artísticas   Éstas pueden incluir trabajos más avanzados: un álbum de recuerdos con fotografías o empezar una colección.

 Juegos dentro y fuera de casa   Las actividades relacionadas con la naturaleza incluyen coleccionar y utilizar las flores secas para crear collages. Los juegos en que los niños pretenden imitar las actividades de los adultos también son interesantes. Simular una oficina o tienda es un ejemplo de lo anterior.

el niño especial

EL NIÑO ESPECIAL

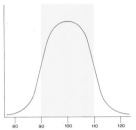

La curva tipo campana
Al lado derecho de la curva se encuentra el pequeño grupo de niños muy dotados intelectualmente; al lado izquierdo de la curva aparece otro grupo pequeño de niños cuyas habilidades mentales están impedidas. La inmensa mayoría de los niños se encuentra dentro de la mitad de esta campana.

Un niño especial que necesita atención y cuidados particulares, puede ser aquel que cae en cualquiera de los dos extremos del espectro de las habilidades mentales (ver curva, a la izquierda), o cuyo desarrollo sufre debido a una incapacidad para el aprendizaje, un impedimento físico o cualquier otra incapacidad. Para los padres es difícil lidiar con estos niños y se requerirá un esfuerzo especial por parte de toda la familia.

Un niño dotado puede ser tan difícil como el niño que tiene otras necesidades especiales. En particular los niños brillantes pueden aventajar y hacer sentir inadecuados a sus padres al tratar de proporcionarles estos últimos un ambiente estimulante en el que sus hijos puedan crecer. Pueden aburrirse y convertirse en niños problema cuando toman una clase normal y, si los adultos o los otros niños no los comprenden, se vuelven antisociales y dejan la escuela.

Un niño con necesidades especiales demanda mucha atención, amor y paciencia, lo que puede ser agotador y hasta destruir el alma de un padre, especialmente si el niño sólo es capaz de lograr un progreso limitado. Pero con consejo profesional, los padres pueden ayudarlo a alcanzar su potencial completo, una experiencia gratificante tanto para los padres como para el niño.

Un buen médico, amigable y simpático, será tu mejor aliado. Él deberá ser capaz de aconsejarte, o ponerte en contacto con médicos especialistas, asociaciones educativas, grupos de apoyo, asociaciones nacionales y de ayuda que conozcan las necesidades de tu hijo.

Ser padre de un niño especial es muy demandante y no debes esperar que de inmediato te conviertas en superhombre o supermujer ni en el padre perfecto de un niño con dificultades. Mantenerte saludable y feliz es tan importante como cubrir las necesidades de tu hijo y crear un ambiente familiar exitoso.

EL NIÑO DOTADO

En determinado punto del desarrollo de tu hija, es probable que te sientas inclinado a pensar que es una niña dotada. La mayoría de los niños en determinado momento se encuentra adelantada en una etapa del desarrollo, pero un desempeño superior en una o dos áreas no convierte a tu hijo en un niño especialmente brillante. La característica del niño brillante es que va adelante en casi todas las formas del desempeño y la adquisición de habilidades. Si ya cruzó la frontera, obtendrá u obtiene grandes logros.

Si crees que tu hijo es especialmente inteligente, sería una buena idea llenar el siguiente cuestionario preparado por el doctor David

CUESTIONARIO PARA DESCUBRIR LAS DOTES DE TU HIJO

Procedimiento y calificación

Contesta todas las preguntas. No hay respuestas buenas o malas. Da la primera respuesta espontánea que te venga a la cabeza. Para calificar a tu hijo, marca 0 para decir nunca o no aplica, 3 para algunas veces o algo y 6 para siempre o absolutamente.

Total ☐

| **0** nunca/no aplica | **3** a veces/algo | **6** siempre/absolutamente |

☐ Parecía que mi hijo era hiperactivo, pero se ha vuelto distante y sin rumbo

☐ Mi hijo puede entender ideas que son difíciles para otros niños de su edad

☐ Mi hijo se ha hecho el propósito de descubrir más acerca del mundo que ve

☐ Mi hijo disfruta al soñar despierto

☐ Mi hijo se manifiesta un poco diferente

☐ Mi hijo siente que la gente debería estar más preocupada por los demás

☐ Mi hijo nunca es tímido, sino más bien extrovertido con los adultos, de hecho sospecho que él/ella prefiere a los adultos que a los niños

☐ Mi hijo es platicador

☐ Cuando se le pide en especial que NO haga algo, lo hace de cualquier manera

☐ Otros niños podrían estar celosos de las habilidades de mi hijo

☐ Mi hijo tiene una fuerte inclinación hacia la actividad académica

☐ Mi hijo se impacienta porque quiere aprender cosas nuevas

☐ A mi hijo le gusta resolver los rompecabezas que otros niños encuentran difíciles

☐ El vocabulario de mi hijo es inusual para niños de su edad

☐ El tener que quedarse solo(a) no le preocupa a mi hijo(a) en lo más mínimo

☐ A mi hijo le gusta descubrir lo que los hombres o mujeres famosos opinan u opinaron acerca de varios temas

☐ Mi hijo es extremadamente curioso

☐ Describiría a mi hijo como un ser mentalmente independiente

☐ Mi hijo es más sensitivo al ambiente que lo rodea que la mayoría de los niños

☐ Mi hijo hace mucho más de lo que se esperaría de él (ella)

☐ Mi hijo parece estar libre de ansiedades y pequeños miedos

☐ Mi hijo ya se ha sentido en libertad de expresar opiniones no comunes

☐ En algunos aspectos, mi hijo no ha sido feliz en la escuela

☐ A mi hijo le gusta llevarse las cosas aparte y descubrir cómo funcionan

☐ Mi hijo empezó a dibujar o a leer a temprana edad y todavía disfruta estas actividades

☐ Yo diría que mi hijo aprovecha su soledad constructivamente

☐ Parecía que mi hijo podía captar las ideas abstractas a temprana edad

☐ La mente de mi hijo parece ser muy rápida por lo que se refiere a las cosas de actualidad

☐ Mi hijo me ha contado sus sueños sin titubear

☐ Mi hijo pasa largos periodos estudiando sin que nadie se lo pida

Weeks, quien señala un gran número de rasgos, comportamientos, preferencias y actitudes relacionados con los niños creativos. Trata de contentarlo con honestidad, y, si no puedes escoger una respuesta que describa a tu hijo, elige una cercana. No hay dobles significados. Una calificación de 118 o más es indicativa de una gran creatividad. Una calificación de menos de 83 indica que está por debajo del promedio. Una calificación entre 83 y 117 indica talento normal, que puede ir del normal-bajo al normal-alto.

Reconocer al niño dotado

El niño dotado se sentirá como en casa ante situaciones de información inusuales y ambiguas y que parecen no adaptarse. Disfrutará los ejercicios cerebrales y pruebas mentales que atraigan su curiosidad y hasta puede considerarlos muy fáciles. Un niño dotado aprende rápido y es capaz de usar ese aprendizaje en un amplio sentido. Demuestra eficiencia extrema y procesa la información de manera rápida y flexible. Siempre hace buen uso de la estrategia y la planeación para utilizar la información.

Aunque ser un niño dotado no representa un problema para él, puede convertirse en uno debido a la reacción de otras personas. Algunos padres no comprenden a sus hijos, algunos niños no entienden a sus padres y un niño superdotado puede volverse introvertido. Aunque no es una causa de preocupación, si se vuelve un solitario y deja volar su imaginación, puede aislarse en un momento de creación.

Algunos niños dotados están tan ansiosos por recibir información y aprender que su entusiasmo se transmite; pero necesitan que sus padres discutan con sus maestros la clase de aprendizaje que requieren y estén seguros que efectivamente la reciban. Posiblemente tengas que intervenir de forma asertiva por el bien de tu hijo porque, a pesar de lo que te digan los profesores, tú conoces la personalidad de tu hijo mejor que nadie.

Ser dotado incluye talentos excepcionales y específicos tales como la habilidad musical o artística, en matemáticas o idiomas, o la capacidad espacial, la que permitirá a tu hijo jugar ajedrez a muy alto nivel, además de un coeficiente intelectual (IQ) muy alto.

No hay duda en cuanto a que los programas de aprendizaje acelerado ayudan; un niño dotado puede aburrirse y frustrarse con tareas escolares muy fáciles y convertirse en un niño problema durante las clases porque la lección habitual no le entusiasma. Puede ser necesario que tu hijo dotado tenga que "volar" y empezar a tomar lecciones con niños que pudieran estar dos años adelante.

Pero la actividad intelectual puede aventajar a tal grado al desarrollo de la personalidad, que pudieras empezar a sentirte preocupado por inscribir a tu hijo dotado en una escuela de mayor prestigio académico, temiendo que el niño no pueda desenvolverse socialmente.

Debes estar tranquilo; esta teoría ha sido contradicha por un estudio sobre niños superdotados en el cual 1 500 niños con alto IQ, que eran estudiantes de escuelas en California durante los años veinte, fueron observados toda su vida hasta que cumplieron los sesenta, setenta u ochenta años.

La investigación descubrió que los niños superdotados eran mejores que sus compañeros en muchas formas: más saludables, estaban interesados en muchas cosas como pasatiempos y juegos, y tuvieron más éxito en la vida. Los niños y niñas observados siguieron estudiando muchos más años que los niños normales de su tiempo y como adultos tuvieron carreras más exitosas.

Existe corteza de que los niños dotados provienen de ambientes familiares que enriquecen su experiencia de vida, y hay algunas evidencias que muestran que los niños nacidos en familias de clase media tienen más probabilidades de recibir esa estimulación extra, y pasan de ser niños brillantes a superdotados. Existe muy poca evidencia que demuestre que los padres de los niños dotados eran del tipo que "presiona a sus hijos" y los obliga a estudiar contra su voluntad.

Ser un buen padre de un niño brillante es un trabajo muy difícil, porque la tendencia es que uno se empantana con la tarea diaria de educar a un niño y no mantiene la perspectiva. Parte de nuestra tarea es ver el lado espiritual dentro de lo mundano, reconocer la luz inte-

CÓMO FOMENTAR EL TALENTO EN TU HIJO

☐ Dale tiempo libre para jugar y no interrumpas a tu hija a cada rato; observa más e interven menos

☐ Proporciónale áreas de actividad donde las cosas puedan ser arregladas de forma que inviten a tu hijo a involucrarse más

☐ Dale juguetes sencillos que requieran la imaginación de tu hijo para complementarlos, en lugar de darle juguetes complicados

☐ Anima a tu hija a jugar fuera de casa para que pueda tener contacto con el mundo de la naturaleza y tenga oportunidad de jugar con la arena, la tierra, el agua y el aire

☐ Dale a tu hijo ejemplos del mundo real para que pueda imitarlo; deja que te ayude a limpiar, lavar platos, cocinar; estas actividades se integrarán en sus juegos y le ayudan a aprender sobre la vida

☐ Proporciónale actividades artísticas que le permitan expresar sus emociones: pintar con los dedos, un pincel, o una esponja, usando colores atractivos; esto no sólo le ayudará a expresarse, también aprenderá acerca de los colores

☐ Enséñale a tu hijo a dejar grabados sus pensamientos, sus descubrimientos y preguntas en papel o en cintas de audio o video

☐ Cuéntale cuentos, especialmente de hadas, lo llenan de imágenes que nutren su imaginación

☐ Limita la cantidad de tiempo que tu hija pasa viendo televisión, videos y películas (ver página 134)

rior de cada niño; por ejemplo, descifrar un dibujo hecho por él puede darte una imagen de su conciencia.

También es nuestro trabajo enseñarle a un niño, especialmente a uno que es brillante, las experiencias espirituales en el mundo diario, por ejemplo, puedes enseñarle a "ver un mundo en un granito de arena", o "una eternidad en una hora", esto moldeará a tu hijo.

Los padres de un niño dotado

Ser el padre de un niño superdotado requiere una tremenda cantidad de energía, por lo que tenemos que ser amables con nosotros mismos y pacientes con nuestras limitaciones. Tenemos que practicar la bondad hacia nuestro desarrollo como padres y no ser autocríticos.

Es esencial que mantengas tu energía a tope, de otra manera te volverás malhumorado, impaciente y argumentarás cualquier cosa. Debes asegurarte que duermes adecuadamente, especialmente cuando tus niños son pequeños. Todos queremos lo mejor para nuestros hijos pero la mayoría de los padres primerizos saben muy poco acerca de cómo ser padres o cómo educar a sus hijos. Tienes que aprender sobre la marcha y esto puede ser muy penoso. De cualquier manera, las experiencias son magníficas oportunidades para crecer como padre o hijo.

Siendo el primer maestro de tu hijo, eres el encargado de proporcionarle una atmósfera de amor y cariño, calma y ritmo, interés y entusiasmo, aspectos vitales para su crecimiento. Nadie espera que seas un experto al tratar con tu hijo sobredotado. Sólo se espera que veas una nueva forma de tomar en cuenta todos los aspectos del desarrollo de tu hijo, ya sean físicos, emocionales, intelectuales o espirituales. Así ayudarás a tu hijo a encontrarse con los desafíos de nuestro cambiante mundo y a conseguir lo mejor de su propia vida.

Es importante que recuerdes que tu niño especial no es un adulto chiquito. Él no piensa, razona, siente o experimenta el mundo como

tú lo haces. Hasta los siete años, la mayoría se concentra en su cuerpo. Están creciendo muy rápidamente y tienen necesidad de moverse y hacer ejercicios. Recuerda que aprende a través del ejemplo y la imitación. Además, la repetición y el ritmo de la rutina diaria son elementos vitales en el mundo saludable del niño pequeño, mismos que le dan seguridad y confianza. Tu hijo recibe la información sin bloquearla o filtrarla y por eso tenemos que poner atención a la calidad de su ambiente y las experiencias que disfruta.

Es necesario balancear la estimulación y proteger los sentidos de tu hijo. La estimulación de fuentes artificiales, como la televisión y las películas, tiene un impacto bastante diferente en la mente de tu hijo que tu propia voz, el interés y la atención que le prodigas.

Entiende que tu hijo absorbe todas las cosas tan profundamente que puede transformarlas y sacarlas a la luz a través de un juego creativo. Los juegos creativos alimentan a un niño dotado y es esencial proporcionarle tiempo y materiales apropiados para esta clase de juegos, de tal manera que tu hijo pueda forjar su camino imitando con sus juegos lo que él experimenta. Permitir que el impulso natural de la imaginación creativa florezca es uno de los más grandes regalos que le puedes dar a tu hijo.

Programas enriquecedores

Se trata de lecciones extras que se imparten a los niños dotados fuera de las actividades escolares normales y que pueden incluir, por ejemplo, lecciones de otro idioma o de un instrumento musical. Las lecciones enriquecedoras pueden ser más profundas sobre un tema que estén estudiando sus compañeros de clase. Así, por ejemplo, en la clase de historia antigua, la clase puede estudiar el relato del caballo de Troya, pero a los niños más brillantes se les pueden dar lecciones extras sobre la clase de vida que llevaban los troyanos, su dieta, sus pasatiempos, su ropa, su arte, su artesanía, su joyería, etc.

Un punto importante acerca del enriquecimiento es que debe ser cualitativo. Tiene que haber avance, no debe ser más de lo mismo.

Las escuelas de verano pueden proporcionar otra variedad de programas de enriquecimiento pero los resultados no son tan satisfactorios como los de un programa educativo continuo. Pero si no hay un programa educativo para niños dotados en la zona donde vives, puedes darle a tu hijo la oportunidad de pasar varias semanas acrecentando su currículum y conociendo a otros niños brillantes. Existen estudios que han demostrado que un adulto con buen nivel cultural (padre, pariente o amigo de la familia) puede ser muy útil si encuentra el tiempo para dirigir, guiar y enseñar a los pequeños dos o tres tardes a la semana.

EL NIÑO CON MENOS LOGROS

El niño que está dentro del lado izquierdo de la curva (página 158) muestra ciertas características que algunos padres ignoran porque les facilita la vida, o porque no quieren enfrentarse al hecho de que su hijo pueda estar mentalmente por debajo de lo normal. Si alguna vez te ves diciendo cualquier frase del margen izquierdo, esto debería sugerirte la idea de que tu niño necesita que se le examine.

Esa clase de bebé casi siempre se desarrolla más tarde en todos los aspectos (quizás las únicas excepciones sean la etapa en que aprende a sentarse o recargarse en la pared); casi siempre el primer signo es un retraso en notar las cosas y sonreír. Se puede sospechar que sea ciego porque el niño aparenta no darse cuenta de lo que sucede a su alrededor.

Tu bebé responde al sonido más tarde de lo normal, aunque cuando le haces algunas pruebas de oído (ver página 98) es casi normal. Algunas veces puede aprender a masticar más tarde de lo normal, lo que puede darle dificultades al comer sólidos.

Algunas de las etapas clave del desarrollo pueden durar más de lo que debieran. El reflejo para sujetar las cosas puede persistir más allá de los tres meses, u observar la mano puede ir más allá de las 20 semanas (ver página 43). Llevarse los objetos a la boca, que es normal para niños de seis a 12 meses, puede continuar por un periodo más largo en niños con retraso.

El deseo de aventar las cosas fuera de la cuna por lo general se detiene cerca de los 16 meses, pero puede prolongarse si tu hijo es retrasado mental; también persistirá el babear –hasta los 18 meses edad en lugar de un año. Y mientras los niños normales, brillantes y hasta excepcionalmente inteligentes pueden tener problemas de atención, la falta de concentración e interés puede indicar que la capacidad mental está atrofiada. Asimismo, una actividad excesiva sin objetivo fijo también puede considerarse un síntoma. La actividad excesiva sin sentido puede no aparecer durante un tiempo y niños que fueron dormilones en grado extremo cuando eran muy pequeños se transforman y son incapaces de concentrarse. Pasan de una actividad a otra –brincando físicamente alrededor de la habitación, interesados transitoriamente en muchas cosas insignificantes y presentan una actividad frenética con la cual es muy difícil vivir. Esto es particularmente cierto en el caso del niño autista (ver página 166).

Con el afán de etiquetarlo todo, a algunos niños difíciles, pero completamente normales, se les dice hiperactivos. Considero que esto es injustificado. La palabra "hiperactivo" es el término amplio que antes se utilizaba para describir a niños que tienen lo que se conoce como

¿Alguna vez has dicho esto?

"Ella siempre ha sido una bebé buena y tranquila y casi nunca llora." "Apenas si nos damos cuenta de que lo tenemos; nunca nos da problemas." "Algunas veces solamente se queda recostada en su cuna sin moverse para nada y duerme mucho." "Es tan bueno como el pan, un bebé maravilloso. No causa ningún problema, no es como su hermano." "Apenas si hace algún ruidito; pareciera que viviera en su propio mundo." "Pareciera que apenas empezó a vivir hasta los ocho meses; nunca se movió mucho antes de esa edad."

Desorden por Déficit de Atención (ADD por sus siglas en inglés) y Desorden de Hiperactividad por Déficit de Atención (ADHD, por sus siglas en inglés). Ambos incluyen un comportamiento desorganizado, lapsos de atención pobre, insomnio y excitabilidad. Contrario a lo que los padres creen, no se ha podido probar que ciertos colores y sabores en la comida contribuyan a la hiperactividad. Cuando los padres son empáticos con sus hijos y los entienden, se puede mejorar este comportamiento en la mayoría de los casos. Sólo hay unos cuantos niveles de hiperactividad que deben considerarse serios y que requieren tratamiento médico. Yo estoy en contra del uso de medicamentos como el Ritalin sin que el niño haya sido evaluado por varios médicos, porque muchos niños responden bien a las terapias cognitivas, de comportamiento y a otras menos agresivas.

Ayuda para ti y para tu hijo

No existe la menor duda de que el interés de los padres puede ayudar, desde muy temprana edad, a un niño con retraso. Un ambiente estimulante ayudará a tu hijo a alcanzar su máximo potencial.

Esta aseveración surgió de un estudio sobre esquemas de intervención infantil realizado por Craig Ramey, durante los años ochenta. Los menores que participaron provenían de familias muy pobres y cuyas madres tenían un coeficiente intelectual bajo. Se les inscribió en programas de cuidados especiales, con una duración de ocho horas al día, cinco días a la semana. (Lo anterior no quiere decir que tu hijo tenga que asistir a un programa educativo tan intensivo; sólo demuestra el efecto que tiene un programa.)

Los niños entraron al programa entre las seis y doce semanas de edad y salieron a los cinco años, cuando empezaron a asistir al jardín de niños en una escuela normal. El programa les proporcionó un ambiente emocional cálido, muy similar a una familia especial que ayuda a los niños a desarrollarse. Al mismo tiempo, había un grupo de control con antecedentes similares que no participó en dicho programa pero que sí recibió complementos nutritivos y tratamiento médico mientras se les criaba en casa. Los resultados fueron claros. En todas las edades, el programa de enriquecimiento diario hizo que sus participantes tuvieran mejores calificaciones de IQ que los niños que estaban en el grupo de control, que habían sido educados en casa antes de asistir a la escuela y a quienes no se les inscribió en el programa. La diferencia entre los niños que sí asistieron al programa de enriquecimiento fue significativa, incluso después de los 18 meses de haber entrado a la escuela de enseñanza normal.

Estos resultados no quieren decir que el retraso mental pueda ser curado dando a los niños fuertes dosis de educación estimulante durante su primera infancia. Lo que demuestra es que el poder intelectual de los niños con pocas ventajas puede incrementarse si se le provee de una estimulación más rica. La importancia de estos hallazgos es que los padres que tienen niños con un poco de retraso mental en comparación con sus compañeros, los pueden ayudar si tratan de dar a sus hijos un ambiente enriquecedor dentro de sus hogares desde la primera infancia.

EL NIÑO AUTISTA

Los padres observadores descubrirán los signos de autismo antes de los 30 meses. Probablemente tu bebé no demuestre interés porque lo cargues y lo acunes. Puede ser uno de esos bebés "buenos" que se queda quieto, llora poco y duerme mucho. Puede que grite sin razón aparente. Más adelante, viene un retraso considerable en el habla –el hecho de emitir una sola palabra hasta los cinco o seis años por lo que frecuentemente se le diagnostica sordera. Muy a menudo demuestra no tener habilidad para relacionarse y prefiere los juguetes a la gente. Se presentan rasgos típicos en la conducta: sienten aversión a la mirada y casi no tienen expresión facial. Ya que todos los niños son diferentes, también se presentan diferentes aspectos de autismo, por lo que se trata de un síndrome difícil de diagnosticar. A continuación proporcionamos algunos puntos generales y característicos del autismo.

El autismo es una desventaja mental muy difícil que dura toda la vida. No se cree que sea causada por traumas emocionales y puede presentarse con otros desórdenes, incluyendo el retraso mental. Afecta cuatro veces más a los niños que a las niñas. Sus padres no son fríos; son tan cálidos y amorosos como otros. Cuatro o cinco personas de entre 10 000 padecerán de autismo clásico, y cerca de 15 a 20 en 10 000 tendrán alguna condición cercana al autismo. Algunos tienen una inteligencia normal o arriba del promedio; a esta forma de autismo se le conoce como Desorden de Asperger. El autismo es un problema de comunicación. Los niños autistas muestran un comportamiento inapropiado para su edad: hacen rabietas como las de un niño de tres años, pero a los diez años. El autismo no sólo impide la comunicación verbal sino de cualquier índole. Los niños autistas no pueden reconocer o interpretar expresiones faciales, gestos o diferentes tonos de voz, todos ellos necesarios para relacionarse con otras personas.

Debido a su incapacidad para comunicarse, se sienten aislados y relegados y pueden desarrollar otros problemas secundarios: la indiferencia hacia otras personas, hacia el aprendizaje, mala adaptación a la vida diaria y comportamientos repetitivos.

Entre los dos y cinco años, es difícil controlar esta conducta debido a la excesiva actividad que presenta. Después, entre los seis y los doce años, puede haber una mejoría en la capacidad de socializar y el comportamiento, pero en la adolescencia y después de los veinte años, pueden reaparecer los problemas iniciales. Conforme van creciendo, los niños se vuelven más conscientes de la existencia de otras personas y desarrollan la capacidad de compartir con la familia y los amigos.

De cada 100 niños con autismo, de 5 a 10 serán adultos independientes, de 25 a 30 tendrán un buen progreso pero todavía necesitarán apoyo, y el resto seguirá dependiendo de sus cuidadores.

Ayuda para ti y para tu hijo

Cuando a un niño se le diagnostica autismo, puede ser una agonía para los padres porque sienten que lo han perdido.

Sin embargo, con el cuidado y la educación apropiada, se les puede ayudar para que vivan sus vidas con tanta dignidad e independencia como sea posible. Existen asociaciones nacionales de autismo que proporcionan guía, ayuda y apoyo. Publican una amplia variedad de literatura sobre autismo y educación, que podrá ayudarte en el cuidado de tu hijo autista; organizan conferencias y cursos para mantenerte al tanto de las últimas teorías de la educación autista; te ponen en contacto con consejeros especiales, escuelas especiales y otras personas que puedan compartir tus problemas.

Tu soledad disminuirá y tu vida no parecerá tan desesperanzada si puedes integrar a tu hijo en una escuela normal a los doce años, lo que es una realidad en la mitad de los casos.

También existen escuelas especiales, en donde creen en una filosofía de terapia diaria que incluye actividades en grupo con énfasis en la música, el teatro y los juegos, un sistema de premios por logros, un sinnúmero de tratamientos. Puedes obtener información en la National Autistic Society (Sociedad Nacional de Autismo).

"La terapia de sostén" es una de las muchas técnicas utilizadas con los niños autistas y vale la pena preguntar sobre algún grupo donde se enseñe y practique. En ésta, un padre sostiene a la fuerza a su hijo a pesar del llanto, los gritos, las patadas y la resistencia que oponga, hasta que se tranquiliza. Puede durar una hora y para entonces, el padre puede estar exhausto, pero al final viene una fase llena de recompensas en la que el hijo y el padre se tocan amorosa y tiernamente.

EL NIÑO QUE TARTAMUDEA

Muchas personas famosas fueron tartamudas, entre ellos Moisés, Aristóteles, Lewis Carroll, Somerset Maugham y Charles Darwin. La tartamudez generalmente empieza entre los dos y los cuatro años y rara vez se presenta después de los siete. Es tres veces más común entre los niños que entre las niñas –por lo menos cuando son jóvenes. La personalidad también es importante; cuanto más sensible sea un niño, es más probable que sea tartamudo. Los niños más plácidos o aquéllos de mal carácter tienen menos probabilidad de tartamudear.

Las buenas noticias son que cuatro de cada cinco niños deja de tartamudear espontáneamente. Es probable que una tartamudez ligera se cure por sí sola a diferencia de una más severa. Aproximadamente en tres de cada 1 000 adultos la tartamudez persiste.

La mayoría de los niños cuando está aprendiendo a hablar pasa por una fase de tartamudez o tropiezos, particularmente, cuando están entusiasmados o molestos; y casi siempre la dejarán si no se les ridiculiza o critica. Los padres pueden acentuar el tartamudeo si ponen demasiado énfasis en este trastorno de su hijo o diciéndole que repita lo que dijo, que hable claramente. Esto hace que el pequeño esté más consciente de su forma de hablar.

Es una actitud poco amable llamar la atención sobre cualquier tendencia a tartamudear. No debes hacer nada, ya sea con palabras, expresiones o gestos que llame la atención hacia su forma de hablar o que lo interrumpa, ya que la inseguridad es un factor que causa tartamudez.

Ayuda para ti y para tu hijo

El tratamiento puede ser exitoso; pero todos los procedimientos tienen algunas fallas, así que no te sientas desilusionado. Uno de los métodos más conocidos es "hablar con sílabas medidas". Otro tratamiento es el de las "sombras" que consiste en enseñar a tu hijo a repetir sílabas y palabras después de que fueron dichas.

Se sabe que los tartamudos pueden hablar fluidamente si no escuchan su propia voz. Esto se puede lograr con una "retroalimentación auditiva retrasada".

Busca la ayuda de un terapeuta del lenguaje. Consulta a tu médico para que te recomiende a alguien.

En todos los casos en que se presente un retraso en el habla o ésta sea confusa, se deberán hacer pruebas del oído. Los casos en que persista el ceceo deberán ser evaluados por un terapeuta del lenguaje.

EL NIÑO CON PROBLEMAS DE APRENDIZAJE

El desarrollo tardío del habla con frecuencia se presenta antes que los desórdenes de aprendizaje o lectura. Existe evidencia que la incapacidad de aprender empieza a los dos años. A menudo se presenta con una coordinación pobre, repetición de movimientos, memoria escasa e incapacidad de dibujar (ver página 110).

El retraso en el aprendizaje de la lectura es parte de un espectro más amplio de desórdenes de aprendizaje que incluye la dificultad para deletrear, escribir y aprender idiomas. Este grupo de desórdenes del lenguaje, a menudo llamado dislexia, puede ser definido como la capacidad de lectura que tiene un niño de dos años o más por debajo de su edad mental.

El retraso para leer puede ser una variación normal, casi siempre hereditaria, pero no es necesariamente un síntoma de retraso mental. Sin embargo, un niño que es lento mentalmente, con frecuencia lo es al aprender a leer y al realizar distintas actividades en otras áreas escolares. Los rasgos comunes que van de la mano con un retraso en la lectura son la deficiencia en la de atención, una actividad excesiva sin un objetivo preciso, concentración defectuosa, impulsividad, agresividad y torpeza. También deberás hacer examinar la vista de tu hijo.

A un niño nunca se le debe de calificar como disléxico, a menos que un experto o psicólogo lo haya diagnosticado. Casi siempre existe una historia familiar con el mismo rasgo, o por lo menos un desorden de aprendizaje. La dislexia es cuatro veces más común entre los niños y casi siempre se presenta en los gemelos. Algunas veces hay problemas de "lateralidad" (son zurdos o ambidiestros) y tienen una tendencia a leer de derecha a izquierda volteando las letras.

La dislexia se agrava por muchos factores incluyendo la edad de los padres, la pobreza y el desempleo, la falta de material de lectura durante la infancia, falta de conversación, fricciones domésticas, violencia y abuso sexual, una familia de un solo padre, o cualquier causa de inseguridad. Los factores pueden ser una enseñanza pobre, falta de motivación y asistencia. Una enseñanza deficiente basada en críticas puede convencer a un niño de que no es capaz de leer y por ello deja de intentarlo; luego, los profesores deciden etiquetarlo como mal lector. Su incapacidad para leer es una profecía hecha realidad.

La dislexia debe tener algo que ver con la sociedad occidental porque es diez veces más común en Occidente que en Oriente, a pesar del hecho de que China tiene 10 000 signos de uso común de un total de 50 000.

Ayuda para ti y para tu hijo

Muchos niños superan la dislexia sin recibir ayuda especial, aunque algunos siguen teniendo ligeras dificultades al deletrear durante el resto de su vida. No obstante, conviene buscar ayuda especial. El profesor o el director pueden ponerte en contacto con un psicólogo o maestro especial que tenga experiencia en el tratamiento de la dislexia. Puede ser que tu hijo tenga que asistir a clases especiales por las tardes, varias veces a la semana y durante muchos años.

Tu apoyo y entusiasmo hacia las lecciones especiales de tu hijo, su progreso y logros es irremplazable; debes tener en cuenta que esta situación no es culpa de tu hijo y no está tratando de molestar a los demás o que sea estúpido. Por favor, dile que mucha gente famosa y eminente tuvieron que pasar exactamente por el mismo problema. Auguste Rodin, uno de los grandes escultores de todos los tiempos, fue considerado "el peor alumno en la escuela". Su padre decía: "Tengo un hijo que es idiota", y su tío decía: "No se le puede educar". Rodin nunca pudo deletrear en toda su vida, pero esto no le impidió sobresalir en la profesión que eligió.

Las asociaciones de dislexia te darán apoyo, consejo e información acerca de las escuelas locales y los grupos de autoayuda, donde el problema de tu hijo y tus dificultades serán tratados con simpatía y paciencia. También te darán información que te ayudará a entender y cuidar a tu hijo.

EL NIÑO CON PROBLEMAS DE AUDICIÓN

Los niños deben oír para hablar y deben hablar para aprender, leer y escribir. Es indispensable que estés pendiente de cualquier problema auditivo que se presente a temprana edad realizando las pruebas adecuadas (ver página 98) y realices las acciones indicadas para remediar el problema. Procura hacerle exámenes de la visión, para asegurarte que todo está bien.

Ayuda para ti y para tu hijo

La mayoría de los niños que tienen una cierta pérdida del oído puede funcionar bastante bien cuando se le coloca un aparato auditivo. Muchos médicos los colocan durante la primera infancia en lugar de esperar hasta la edad preescolar. La situación puede ser diferente en el caso de una sordera aguda, es decir, aquellos niños cuya pérdida del oído es tan severa que su comprensión del sonido y el lenguaje se ve imposibilitada.

Un punto básico que se debe recordar es que si se trabaja exclusivamente en el lenguaje oral, el niño sordo tendrá una mayor dificultad para desarrollar el habla o la lectura. Si se le enseña el lenguaje de los signos, la lectura de los labios y el lenguaje oral al mismo tiempo, se le facilitan mucho más el habla y la lectura. Algunos niños pueden progresar dentro de un ambiente escolar normal; pero aun con un entrenamiento realizado desde temprana edad, los niños que tienen problemas profundos de audición necesitan asistir a escuelas especiales. El objetivo siempre deberá ser educar a tu hija para que alcance un nivel donde ella pueda integrarse al aprendizaje al mismo nivel de los niños que oyen normalmente.

EL NIÑO CON PROBLEMAS DE LA VISTA

La ceguera, si se le considera desde el punto de vista de la capacidad de tu hijo para funcionar dentro de situaciones normales, es una incapacidad menor a la sordera. El lenguaje es esencial para el aprendizaje y la formación y mantenimiento de relaciones sociales. Tu hijo ciego puede aprender a leer usando el sistema Braille y puede hablar con otras personas y sostener una conversación.

Los niños ciegos tienen limitaciones importantes –la primera es que se les dificulta relacionarse contigo. Los bebés ciegos no hacen contacto visual, al contrario de los videntes. Así, aunque no es su culpa, los padres pueden responder a su bebé ciego de forma diferente a como lo harían con un bebé que sí puede ver. Los lazos de unión pueden ser más débiles y puede sentirse menos seguro.

Aunque un bebé ciego sonríe al mismo tiempo que un bebé que puede ver, las sonrisas de un bebé ciego cada vez son menos frecuentes mientras que las del bebé vidente son más frecuentes. Además, la sonrisa de un bebé ciego es menos intensa y más pasajera.

Los padres a veces dicen sentirse "rechazados" por su bebé ciego. Como las expresiones de un bebé ciego son más ligeras y no son tan expresivas, puedes concluir que está deprimido o que le eres indiferente. Sería comprensible que gradualmente te alejaras de tu bebé, pero es muy importante que no lo hagas; debes continuar hablándole, jugando con él, leyéndole, riéndote y dándole la misma atención que le darías a un bebé que puede ver.

Podrás superar cualquier distanciamiento que pudiera existir aprendiendo a leer las otras señales de tu bebé. Aunque la cara de tu bebé ciego pueda carecer relativamente de expresión, sus manos y su cuerpo se mueven mucho para expresar sus sentimientos. Por ejemplo, si tu bebé se deja de mover cuanto entras en la habitación, esto quiere decir que está escuchando muy cuidadosamente tus pisadas. De la misma manera, él puede empezar a mover sus manos en lugar de sonreír cuando escucha tu voz. Tu bebé está tratando de apegarse a ti en forma diferente y tú debes aprender a reconocer estos signos y hacerlos tuyos. Así podrás establecer una relación estrecha. Una vez que empieces a leerle a tu hijo le estarás proporcionando una estimulación más rica a la que tu hijo puede responder.

Es necesario que actúes desde su más tierna edad para que tú, tu familia y tu hijo tengan la ayuda necesaria y eviten posibles problemas emocionales e intelectuales. Busca ayuda de tu médico; pídele que te recomiende un centro especial para niños ciegos donde encontrarás consejeros y psicólogos que te enseñarán cómo ayudarlo.

Ayuda para ti y para tu hijo

Hoy es posible averiguar antes de que tu hijo cumpla el primer año de edad, si tiene algo mal con sus ojos y ponerle anteojos para corregir el problema. En Cambridge se están haciendo pruebas piloto utilizando una pantalla de televisión para evaluar la vista de los bebés. Estas pruebas proporcionan resultados inmediatos.

Se toman fotografías en video de los ojos de tu bebé y se transmiten a través de una pantalla de televisión para ser evaluadas. La primera imagen muestra los ojos enfocados del bebé; se toman dos fotografías más con la cara del bebé fuera de foco. Si tu bebé está enfocando la vista en la cámara, sus ojos se verán como dos puntos brillantes, pero si está enfocando la vista fuera de cámara las imágenes se verán borrosas. Esta técnica también sirve para diagnosticar cuándo un bebé tiene astigmatismo, ya que los globos del ojo aparecen aplanados.

Se les pide a los padres de niños con un problema de visión sencillo y uno más serio que regresen unos cuantos meses después para ver si el defecto se corrigió por sí solo. A los que necesitan ayuda, se les gradúan unos lentes. Tiene que regresar a los seis meses para revisión y examinar si no necesitan cambiar la graduación.

Cómo puedes ayudar a tu hijo

Además de los anteojos graduados, hay ciertas cosas que puedes hacer en casa para ayudar a tu hijo que tiene problemas de vista. Un niño que tiene una visión pobre necesita estimulación mediante el tacto, los ruidos y el olfato; escoge juguetes que tengan texturas y hagan ruidos interesantes.

El color es importante para los niños que tienen visión parcial. Escoge juguetes con colores brillantes.

Los rompecabezas son muy importantes porque con ellos puedes probar las habilidades espaciales y el pensamiento de tu hijo. Elige algunos que sean grandes, y con piezas de colores brillantes. Los juguetes educativos, como las tablas de formas, los títeres y aquellos que sirven para separar piezas de acuerdo con su forma, son apropiados para un niño con visión parcial, y para un niño común.

Los bebés, durante su primer año, pasan por una etapa en la que les gusta descubrir los objetos poniéndolos en su boca. Es probable que el niño invidente viva esta etapa durante un periodo mayor, por lo que se recomienda que todos los juguetes puedan limpiarse fácilmente.

Es importante que elijas una escuela apropiada para tu hijo con problemas visuales, en cuanto tenga edad de ir a la guardería. Una guardería común y corriente es una buena elección, siempre y cuando estén dispuestos a admitirlo, a tu pequeño le proporcionará una variedad de actividades preescolares y le dará la experiencia de mezclarse con otros niños de su edad. No te preocupes si al principio tu hijo parece tímido; asegúrate de que el maestro conozca su situación para que pueda supervisarlo cuidadosamente. Generalmente se supera el problema. Un psicólogo puede ser de gran ayuda.

Quizás quieras mantener a tu hijo bajo otros tipos de cuidados: inscribirlo en una guardería especial diseñada para cubrir las necesidades de las personas con ese problema. El personal en estas escuelas por lo general está entrenado e interesado en la educación de este tipo de niños en edad preescolar.

Los años anteriores a la edad preescolar son muy significativos, ambos padres deben ser sensibles y estimularlo; asimismo, deben concentrarse en sus fortalezas y no en su debilidad visual.

EL NIÑO FÍSICAMENTE INCAPACITADO

El niño con discapacidad puede necesitar tratamiento durante todo su crecimiento pero, más que nada, necesita que todos y en especial sus padres lo traten de manera natural, como tratan a los otros niños. Aunque padezca un defecto serio, un niño puede crecer feliz y desenvuelto y deberá tener la oportunidad de aprender a interactuar con otros niños desde muy temprana edad. Pensemos en los defectos menores como la dispraxia, la pérdida parcial de la habilidad para realizar movimientos coordinados y hábiles –en otras palabras la torpeza–, que son muy frustrantes para los niños que no pueden tener control sobre las cosas que desean hacer.

Es importante que aceptes la condición especial de tu hija para que no pases el tiempo deseando que fuera diferente, sobreprotegiéndola o manteniéndola alejada de otros. Es mejor no guardar luto por cualquier sentimiento de pena relacionado con su condición o su apariencia, especialmente porque la lástima no ayuda en nada. A menudo, uno de los dos padres se preocupa tanto por la discapacidad de su hijo y el tratamiento que debe seguir, que pierde de vista que su hijo es una persona. Entonces, estos mismos padres dejan de disfrutar otras buenas cualidades de su niño.

Muchos niños discapacitados, así como sus padres, pueden disfrutar de una vida familiar casi normal. Sin embargo, uno de los problemas más difíciles que un padre puede enfrentar es criar a un niño con múltiples discapacidades o incapacidades físicas de tal severidad que no pueda comunicarse, moverse o jugar. Algunos niños con parálisis cerebral aguda, no se pueden mover sin ayuda, no pueden hablar claramente y presentan incapacidad para aprender. Es muy difícil, pero debes enfrentar el hecho de que tu hijo requerirá cuidados de tiempo completo.

Cómo puedes ayudar a tu hijo

Recuerda que tu hijo puede aprender y amar. La ayuda debe empezar muy temprano; trata de involucrar a toda la familia desde el principio. Esto quiere decir que tienes que ser honesto con los otros niños de la familia porque van a tener que hacer sacrificios; tendrán que llevar a cuestas gran parte de la carga de tener un hermano con discapacidad. Toda la familia tiene que aprender a cuidar y estimular al niño discapacitado. Los hermanos, además, necesitarán atención especial para no sentirse relegados o sacrificados por el niño discapacitado.

Algunos niños con enfermedades crónicas, como la fibrosis cística o distrofia muscular, también tienen problemas físicos agudos. Es importante obtener un diagnóstico a tiempo y proporcionarle el tratamiento adecuado. Esto no es sólo porque la enfermedad pueda curarse, sino porque la ayuda temprana puede prolongar su vida, su bienestar y la alegría durante el tiempo que le quede de vida.

tu hijo y la escuela

TU HIJO Y LA ESCUELA

Se considera que un niño está listo para asistir a la escuela a los cinco años, pero esto no es cierto en todos los casos. Algunos niños están listos mucho antes y otros hasta un año después. Si tu hijo no parece estar listo a los cinco años, no quiere decir que tenga algún tipo de retraso. La mayoría progresa cuando está en una clase donde no se ve aventajada por las lecciones o los logros de los otros. No hay nada malo en darle a tu hijo un año más para que crezca, de manera que empiece la escuela un poco más tarde que sus compañeros, así puede sentirse más feliz y estar a la cabeza de sus compañeros. La escuela siempre puede esperar; cuando tu hijo esté listo recuperará el tiempo perdido.

La enseñanza preescolar basada en juegos es una ventaja para los niños que provienen de familias con problemas o de bajo nivel socio-económico (ver página 165), pero para los niños de hogares emocional y financieramente estables, es más difícil señalar las ventajas de la enseñanza preescolar. Todos aceptan que los primeros años son importantes para enseñar a los niños pequeños, pero muchos expertos piensan que pueden aprender mejor a su propio paso dentro del hogar. La educación formal para niños de cuatro o menos años puede conducir a un desgaste educacional y un sentimiento de fracaso.

Si visitas una buena guardería o un jardín de niños, verás que se maneja siguiendo líneas similares a las que existen en el hogar donde hay un padre interesado y que se preocupa. La diferencia está en que en las guarderías hay más niños y el ambiente es más formal.

Como regla general, sugeriría que si tú y tu hijo están bien en su casa, no existe necesidad de que busques un programa educativo preescolar. No te sientas rechazada si tu hijo desea dejar el nido y empezar a jugar y aprender con otros niños. Debes seguir sus preferencias y tus instintos. Si tu hija es muy brillante, puedes sentir que ha sobrepasado la estimulación que se le puede dar en el hogar y que se siente aburrida sin compañía y una enseñanza formal.

ELEGIR UNA GUARDERÍA

Si crees que tu hijo debe entrar a la guardería o al jardín de niños tienes la responsabilidad de investigar instituciones, revisar premisas y elegir maestros, sin mencionar el estilo de enseñanza y la formalidad del grupo. Esto necesitará que, por lo menos, hagas una visita a la guardería en calidad de observador y tengas una entrevista con el director y/o con los maestros. Ya que debes visitar algunas escuelas antes de elegir, usa la lista que presentamos en la siguiente página para definir cuál es la más conveniente.

PUNTOS QUE SE DEBEN REVISAR AL ELEGIR UNA ESCUELA

MAESTROS

☐ *¿Cuántos maestros tienen?*

☐ *¿Crees que a los maestros les gusten los niños?*

☐ *¿Cuáles son las metas y objetivos de los maestros por lo que se refiere a los niños?*

☐ *¿Qué entrenamiento previo tienen los maestros?*

☐ *¿Qué experiencia tienen los maestros?*

☐ *¿Cuál es la relación con sus propios padres?*

☐ *¿Algunos de los maestros tienen hijos?*

☐ *Si es así, ¿asisten estos niños a esta escuela?*

☐ *¿Te sientes identificada con los maestros?*

☐ *¿Te sentirías feliz de dejar a tu hijo bajo el cuidado de la escuela y sus maestros?*

AMBIENTE Y ATMÓSFERA EN GENERAL

☐ *¿Cuántos niños hay?*

☐ *¿Cómo es el ambiente?*

☐ *¿Se siente una atmósfera tranquila o es una atmósfera más bien caótica?*

☐ *¿Crees que la escuela sea segura?*

☐ *¿Funciona la calefacción?*

☐ *¿Se han hecho esfuerzos por hacer que la escuela y sus alrededores sean atractivos?*

☐ *¿Cuál es el currículum de la escuela? ¿Tiene ritmo? ¿Proporciona una estructura dentro de la cual haya espacio para la libertad así como para actividades más formales?*

☐ *¿Existe algún indicio de que, desde temprana edad, los niños recibirán la instrucción necesaria para leer, trabajar en sus escritorios y con sus libros?*

☐ *¿Sientes que se aprecia y alienta el uso de juegos y juguetes imaginativos?*

☐ *¿Tienen los niños la oportunidad de jugar al aire libre todos los días?*

☐ *¿Cómo son los juegos instalados al aire libre?*

☐ *¿Existe evidencia de que se vea mucha televisión?*

☐ *¿Tienen computadoras sencillas a disposición de los niños (es mejor evitarlas con los muy pequeños)?*

☐ *¿Existe evidencia de que haya actividades artísticas (música, pintura, recipientes para arena, cajas con disfraces)?*

☐ *¿Cuánto tiempo le enseñan música?*

☐ *¿Cuánto tiempo escuchará el niño música grabada en una cinta o en un disco?*

☐ *¿Realizan juegos donde canten y se muevan?*

EMPEZAR LA ESCUELA PRIMARIA

Es injusto enviar a tu hija a la escuela antes de que esté lista. Empezar a asistir a la escuela es una experiencia que "apresura" a tu hija (ver página 87), y es bastante fácil que se sienta rechazada si no disfruta la experiencia. Dale a tu pequeña la oportunidad para gozar la escuela asegurándote que esté bien preparada. Existen algunas habilidades básicas que debe adquirir antes de tener oportunidad de beneficiarse de la escuela.

Durante la mayor parte de sus primeros años, tu hija ha estado orientada hacia el hogar y sus intereses se centran ahí. Una de las formas para alentarla a que aproveche todas las experiencias de apren-

PUNTOS PARA SABER SI UN NIÑO YA ESTÁ LISTO PARA ASISTIR A LA ESCUELA PRIMARIA

HABILIDADES SOCIALES

☐ *Lo quieren y aceptan otros niños y no toma una actitud agresiva o de mártir cuando enfrenta dificultades*

☐ *Tiene la habilidad de compartir*

☐ *Ayuda en casa con diversas tareas y es capaz de completar labores sencillas*

☐ *Se siente a gusto cuando juega con un grupo pequeño de amigos*

☐ *Puede hacerse cargo de sus propias necesidades personales como lavarse y secarse las manos*

☐ *Cuando se le ofrece una nueva actividad, está listo para realizarla*

☐ *Cuando se le dan instrucciones, se siente feliz de seguirlas*

HABILIDADES FÍSICAS

☐ *Es capaz de manipular botones, cierres y broches*

☐ *Puede jugar con los dedos, cortar con tijeras, enhebrar hilo en una aguja grande y de punta redondeada, puede ensartar cuentas y realizar otras actividades que requieran destreza manual*

☐ *Puede atrapar y lanzar una pelota grande, aunque no necesariamente lo haga por arriba de sus brazos*

☐ *Su equilibrio es lo suficientemente bueno para caminar sobre un muro o una viga*

☐ *Puede saltar*

☐ *Puede saltar usando un solo pie a la vez*

☐ *No está intranquilo ni apático*

☐ *Es capaz de alcanzar su hombro derecho con su mano izquierda pasando el brazo sobre su cabeza y viceversa*

HABILIDADES MENTALES

☐ *Puede hablar sensatamente sobre una experiencia reciente con cierta fluidez*

☐ *Disfruta los cuentos y es capaz de escuchar sin moverse*

☐ *Reconoce los colores y sabe sus nombres*

☐ *Sabe su propio apellido, dirección y número de teléfono*

☐ *Puede recordar, en esencia, de que se tratan sus cuentos favoritos*

☐ *Pronuncia, enuncia y hace oraciones con bastante fluidez*

☐ *Tiene memorizadas algunas canciones infantiles*

☐ *Le encanta participar en las canciones aunque sea desentonado*

☐ *Demuestra deseos de leer y se interesa en los libros o en otro material de lectura; le gustan las tiras cómicas*

☐ *Cuando tú estás jugando con otros niños en casa, se une al juego y sigue las instrucciones cuando se juega algo nuevo*

Ayudar a tu hijo para que le guste la escuela

dizaje que le ofrece la escuela es promoviendo sus intereses por la escuela misma. Existen algunas formas sencillas de fomentar una actitud positiva hacia la escuela.

Los niños que crecen en hogares donde los padres creen que la niñez debe ser una época donde impere la total despreocupación, generalmente desarrollan poco gusto por cualquier actividad semejante al trabajo. A estos niños les gusta la escuela siempre y cuando se trate de ir a jugar. Pero tan pronto como van pasando de año y se requiere más y más esfuerzo para hacer el trabajo, la escuela empieza a no gustarles. Si haces que tu hijo desempeñe pequeñas tareas, le das responsabilidades, juegos más creativos, y le proporcionas un aprendizaje simple y uso de la memoria: lo estarás ayudando a que le guste la escuela mucho más y a que sea capaz de tener éxito allí.

Es posible que asistir a una guardería o al jardín de niños haga que un niño se acople a la escuela más fácilmente. Lo que sí es totalmente cierto es que los niños que están física e intelectualmente listos para la escuela tienen actitudes más favorables hacia ella que los que todavía no están listos para tomar sus primeras clases.

Tus actitudes hacia el aprendizaje, la educación y el estudio tendrán gran influencia en la actitud de tu hijo hacia la escuela, diversas materias y los profesores. Una actitud positiva es esencial si deseas que disfrute la escuela y obtenga el mayor provecho.

Es importante que evalúes el clima emocional de la escuela, la influencia de las actitudes de los maestros y el tipo de disciplina. Los maestros que tienen una buena relación con sus alumnos y utilizan una disciplina democrática hacen que a sus alumnos les guste la escuela. Los profesores que están aburridos de sus trabajos, que tienen alumnos consentidos, que enseñan de una forma insípida y son muy autoritarios o muy complacientes, tienen un efecto negativo.

La relación entre maestro y alumno es importante si quieres que a tu hijo le guste la escuela. Un niño que asiste a la escuela con una actitud negativa hacia sus profesores, misma que ha sido fomentada desde su casa, es muy probable que no se desempeñe bien. Las posibilidades de que a tu hijo le guste la escuela bajo estas condiciones son muy limitadas.

Ayudar con las tareas escolares

Todos los padres quieren verse involucrados en las actividades escolares. Quieren ayudar y alentar a su hijo con sus tareas. Es un error tratar de hacer esto por tu cuenta, simplemente yendo a una librería y comprando libros supuestamente adecuados para la edad de tu hijo. Podrías utilizar métodos diferentes a los que está usando el pequeño en la escuela, lo que dará por resultado confusión y retraso.

La mejor táctica es hacer una cita con el profesor para discutir la clase de lecciones y la forma de enseñanza.

Si estás interesado en el progreso de tu hijo, te darás el tiempo para descubrir de primera mano lo que está aprendiendo y los métodos que están utilizando en su escuela. Sólo así puedes reforzar las lecciones que tu hijo haya aprendido durante el día.

Una vez que hayas establecido una buena relación con el profesor, tu oferta de ayudar a reforzar las lecciones escolares en casa será bienvenida. Debes preguntar de qué manera puedes ayudar a reforzar lo que se le está enseñando en la escuela.

Puede ser que el maestro de tu hijo te invite a asistir a algunas clases como observador. Algunas escuelas animan a los padres para que se involucren en la enseñanza, especialmente en aquellos lugares en donde se cuenta con poco personal docente.

Muchos de los métodos utilizados por los maestros modernos son bastante diferentes a los que se usaban para enseñarnos y, por lo tanto, tendrás que pasar por un proceso de aprendizaje para adquirir las habilidades que tu hijo domina con facilidad. Ésta es la mejor de todas las situaciones posibles porque tú y tu hijo están aprendiendo al mismo tiempo, y juntos pueden compartir la alegría de alcanzar ciertos logros.

Para que tu hijo se familiarice con los libros de trabajo, equipo y materiales usados en la escuela, puedes preguntarle a su profesor si puedes llevar parte de estos libros a casa durante una noche, para que haya continuidad en la educación. Esto hará que el aprendizaje en casa sea fácil y limitará la frustración que sientes en periodos de falta de entendimiento con tu hijo.

Equilibrar las obligaciones de tu hijo en el hogar y en la escuela

Si esperas que tu hijo repentinamente adapte su creciente universo a los requerimientos de la escuela y el hogar, estarás jalando demasiado la cuerda y "correteando" a tu hijo.

Una vez que haya entrado a la escuela, tu papel se convierte en el de un mediador, un árbitro, o una balanza que lo ayuda a alcanzar un equilibrio entre la escuela y la casa. Si tu hijo va a sacar el mayor provecho de sus actividades escolares, el ambiente hogareño tiene que ser menos demandante y rígido, debe convertirse en un lugar confortable, en un refugio. Sin embargo, un niño puede participar en las actividades del hogar de diferentes maneras, lo que fomenta su sentido de responsabilidad de ser un miembro del equipo y de que se puede confiar en él. Esto lo hace sentirse independiente y le da cierto nivel como individuo dentro de la estructura familiar. Ésta es una época en la que el comportamiento social positivo (saber ayudar, poder acoplarse y ser sensible hacia las necesidades de los otros) es una actitud que puede ser reconocida con premios o privilegios: regalos, salidas o viajes especiales, pero una mejor forma de recompensarlo es descubrir cuáles son sus intereses y alentarlo a seguirlos. Puedes darle un premio relacionado con sus pasatiempos o intereses.

Si te conviertes en un entusiasta participante de los intereses de tu hijo, podrás ser de gran ayuda al darle una mejor oportunidad de tener una vida saludable y feliz en el futuro.

Desde los cinco o seis años, los niños empiezan a interesarse en sus cuerpos, su dieta, salud y apariencia. Casi todos los pequeños muestran un interés por la ropa –principalmente porque desean pertenecer a un grupo específico de compañeros o porque no quieren que se piense que son parte del sexo opuesto. Si tu hijo quiere volverse vegetariano, los premios o privilegios que le concedas pueden estar relacionados con la elección de una comida saludable para su dieta. Si a tu hijo le interesa la ropa, entonces puedes satisfacer algunas de sus necesidades llevándolo a comprar nuevos atuendos y dejando que él escoja lo que quiere usar.

ENTENDER EL NUEVO MUNDO DE TU HIJO

Además de darle estatus a tu hija en casa, puedes aumentarlo fuera del hogar interesándote en los símbolos que tienen un gran significado para todos los niños.

La ropa y otros símbolos de estatus

La ropa satisface la necesidad de individualidad como pocas otras cosas lo logran. Los bebés expresan su necesidad de independencia quitándose la ropa y tratando de vestirse por sí solos. Los niños en edad preescolar satisfacen esta necesidad eligiendo la ropa que quieren ponerse y los niños que asisten a la escuela forman pandillas y usan la ropa que el grupo aprueba.

Escoger su ropa coincide con la idea que el niño tiene de que ya está creciendo; empieza a sentirse maduro y tú puedes poner énfasis en su sentido de responsabilidad.

Desde muy temprana edad, los niños descubren que la ropa puede llamar la atención, especialmente si es de colores brillantes, o tiene distintivos, escudos, cinturones, adornos, o si es nueva. Muy pronto aprenden que su ropa los identifica como individuos. Tu pequeño de cinco años aprende que la ropa es el símbolo que lo identifica y lo hace pertenecer a un grupo y satisface una necesidad personal. Alrededor de esta misma edad, los niños se preocupan más por demostrar que no pertenecen al sexo opuesto y descubren que la ropa los diferencia. La ropa también ayuda a los niños que están demasiado conscientes de sí mismos, que son tímidos, o que tienen defectos físicos: les ayuda a esconderlos. Al probar y equivocarse, un niño puede aprender qué clase de ropa logra darle a su persona la impresión más favorable, le ayuda a ser aceptado socialmente y a mejorar su imagen. Le produce un sentimiento de felicidad consigo mismo y su propia apariencia.

La presión que ejercen los compañeros y la televisión inducen a los niños a tener posesiones materiales que representan estatus. Puede manifestar deseos que no apruebes. Si bien es cierto que nunca deberás permitir que el deseo de poseer se salga de una perspectiva sana o se desborde, es importante que le entiendas, que seas tolerante y busques un equilibrio para ayudar a tu hijo a encontrar su camino en un mundo donde los valores están distorsionados.

RELACIONES CAMBIANTES ENTRE TU HIJO Y TÚ

El cambio básico en las relaciones entre tú y tu hijo mayor es que tienes que ceder un poco de autoridad; le vas soltando las riendas, mientras él se va haciendo cargo. Le pasas la estafeta, corres a su lado para asegurarte que está bien, y te vas quedando atrás, mientras

SÍMBOLOS DE ESTATUS MÁS COMUNES ENTRE LA MAYORÍA DE LOS NIÑOS

☐ **Posesiones materiales**

Juguetes, equipo de deportes, ropa, colecciones de cualquier clase, algunos libros, cuentos de tiras cómicas

☐ **Posesiones de la familia**

Una casa bonita que tenga un cuarto de juegos, un jardín grande, un automóvil

☐ **Popularidad con sus compañeros**

Tener un número grande de compañeros de juegos y amigos, especialmente aquellos niños que a todo el grupo les agrada

☐ **Éxito deportivo**

Tener éxito en los juegos y los deportes

☐ **Éxito académico**

Ser un buen lector, y entre los niños de mayor edad, tener buenas calificaciones

☐ **Ocupación de los padres**

Tu ocupación, especialmente si tiene prestigio o si es profesional, puede darle estatus a tu hijo

☐ **Papel de líder**

Ya sea que el niño sea líder o que los padres lo sean en los negocios o en la comunidad, es un símbolo de estatus para toda la familia

☐ **Autonomía**

Tener la libertad de hacer lo que quieran y cuando quieran. Los niños que han sido criados por padres muy liberales, consideran esta situación como un símbolo de estatus

☐ **Gastar dinero**

Tener mucho dinero siempre impresiona a los compañeros sin importar su origen

☐ **Ganar dinero**

Un niño que gana dinero da la impresión de ser mayor que sus compañeros y tiene un estatus que le da prestigio

☐ **Viajes**

Cuanto más viajen los niños y más lejos vayan de casa, especialmente si toman un avión, mayor será el estatus que parecen tener con respecto a sus compañeros

lo ves emprender su carrera. Dejarás de desempeñar muchos de los papeles que habías tenido, pasando por variados grados de dolor y alegría, y deberás enfrentarte a ceder tu responsabilidad, autoridad y protección, así como tu papel de jefe de cocina y lava-mamilas, a prestamista, vigilante del tiempo y el árbitro que escoge amigos y actividades.

Ayudar a tu hijo hacia la independencia

Tendrás que ceder el derecho que tenías de escoger por tu hijo y permitirle ejercer sus propias opciones, al tiempo que se hace responsable de sus acciones y resultados.

A los seis años, tu hija puede hacerse cargo de la mayor parte de sus necesidades personales y quizás sólo necesite ayuda para lavarse el cabello. Deberá ser capaz de cuidar sus libros, su mochila y su equipo de deportes. Para los siete u ocho, tu hijo puede ayudar a lavar la ropa o hacer otras tareas relacionadas con sus necesidades. También puede arreglar su cuarto y lo querrá hacer a su modo.

Para los ocho años, tu hija querrá escoger su propia ropa y muchas de las actividades que realice fuera de la escuela; tú deberás tomar en cuenta sus preferencias. También podrás darle dinero para pequeños gastos, será capaz de cuidarlo y tendrás que darle rienda suelta para que tome sus decisiones sobre cómo gastarlo.

Tu autoridad se verá menguada y deberás sentirte feliz de que tienes un niño capaz de pensar por sí mismo y expresar su independencia. No deberás tratar de retenerlo. Para los nueve o diez años, todos los niños deberán tener voz y voto en la familia y sus comentarios deberán ser escuchados; sus sentimientos, esperanzas y deseos se tomarán en cuenta. Deberás involucrarlos en cualquier decisión que les concierna y no ignorar sus opiniones por el rango que tú ocupas dentro de la familia.

Recuerdo la primera vez que uno de mis hijos, que tenía 12 años, usó la lógica para discutir su caso oponiéndose a una decisión mía. Me quedé asombrada y me sentí dichosa. Le expliqué que cada vez que él usara la lógica expresándose como lo había hecho, lo más probable era que conseguiría lo que quisiera. Éste fue el resultado de un largo proceso que comenzó a los cuatro años. En esa época, comencé a animar a mi hijo para que demostrara lo responsable que era y, paso a paso, negociamos libertades, privilegios y permisos.

Evitar la sobreprotección

Una vez que tu hijo ha emprendido la tarea de hacerse cargo de sí mismo, es injusto que seas sobreprotector. La mayoría de los padres no tiene idea de qué tan independientes son sus hijos, o qué clase de situaciones pueden manejar. Muchas niñas de seis años cuidan a sus hermanos menores y hay niños de siete años que entregan periódicos en el vecindario. La sobreprotección aturdirá el deseo de ser independiente y la capacidad para ser responsable. La claustrofobia en el hogar puede arruinar las posibilidades de que tu hijo descubra su potencial individual.

Conforme vaya creciendo ya no será necesario que seas la única que cocina y hace la limpieza en casa. Se le puede enseñar a cocinar comidas sencillas y a los pequeños varones muchas veces les gusta hacerlo. Conforme tu pequeño madure, quizás quiera hacerse cargo de la comida de toda la familia, como sucedió con uno de mis hijos que se convirtió en un excelente cocinero. Tu hijo también deberá participar en la limpieza de su cuarto y deberá mantenerlo arreglado; pero si la limpieza y arreglo de su cuarto es tu obsesión, lo único que lograrás es que decida volverse descuidado.

Alentarlo a tomar sus propias decisiones

Conforme tu hija vaya adquiriendo independencia, ya no podrás vigilar su tiempo; ella debe ser capaz de decir cuánto tiempo quiere pasar con sus amigos, leyendo un libro, o escuchando música, todo dentro de ciertos límites; pero cuanta más responsabilidad le des, más responsable será.

En cuanto a la libertad personal, descubrí que yo les iba soltando más y más la rienda a mis hijos (con la salvedad de que ellos siempre tenían que telefonearme para avisarme dónde se encontraban, decirme cuánto tiempo tardarían en regresar y si necesitaban o no que los recogiera). Empezaron a actuar en una forma más responsable; se hicieron acreedores a más libertad porque podía confiar en ellos. Y se los dije. Cada vez que ellos cumplían con lo pactado, se les daban mayores privilegios, así aprendieron que nuestros acuerdos estaban basados en la reciprocidad.

La libertad y la independencia también se extienden a los amigos que elijan. No puedes decir quiénes deben ser los amigos de tu hija, porque ella se pondrá en contra tuya si lo haces. No es una buena idea expresar que desapruebas a alguien a menos que tu hijo se esté volviendo incontrolable debido a camaradas indeseables, en cuyo caso tendrás que ser enérgico. Sin embargo, desaprobar un amigo en particular sólo hace que tu hija se acerque más a él y que lo haga a escondidas. Una mejor idea es decirle que invite a su amigo(a) a la casa para que puedas conocerlo(la) mejor. El amigo puede resultar una persona mucho más agradable de lo que pensabas. Tu hija sentirá tu generosidad, apreciará tu sensatez y estará más dispuesta a platicar sobre el asunto y ser persuadida en caso necesario.

DIRECCIONES ÚTILES

GENERALES

British Standards Institution (Instituto Británico de Estándares)
389 Chiswick High Road
London W4 4AL
020 8996 9000
www.bsi.org.uk

Child Growth Foundation (Fundación para el Crecimiento de los Niños)
2 Mayfield Avenue
Chiswick
London W4 1PW
020 8995 0257
020 8994 7625
www.cgf.org.uk

DISCAPACIDAD

AFASIC (Asociación para Niños con Daños en el Habla)
69–85 Old Street
London EC1V 9HX
020 7841 8900
www.afasic.org.uk

Association for Brain Damaged Children (Asociación para Niños con Daños Cerebrales)
Clifton House
3 St Paul's Road
Coventry CV6 5DE
02476 665450
www.abdcya.homestead.com

Association for Child Psychotherapists (Asociación de Psicoterapeutas de Niños)
120 West Heath Road
London NW3 7TU
020 8458 1609
email: acp@dial.pipex.com

Break Through (Deaf Hearing Integration) (Rompiendo la Barrera-Integración para los Sordos)
Alan Geale House, The Close
Westhill Campus
Bristol Road
Birmingham B29 6LN
0121 472 6447
www.breakthrough-dhi.org.uk

British Dyslexia Association (Asociación Británica para la Dislexia)
98 London Road
Reading RG1 5AU
0118 966 8271
www.bda-dyslexia.org.uk

Disabled Living Foundation (Fundación Viva para los Incapacitados)
380–384 Harrow Road
London W9 2HU
020 7289 6111
www.dlf.org.uk

Down's Syndrome Association (Asociación Síndrome de Down)
155 Mitcham Road
Tooting
London SW17 9PG
020 8682 4001
www.downs-syndrome.org.uk

Lady Hoare Trust for Physically Disabled Children (Association with Arthritis Care) (Fundación Lady Hoare para los Niños Físicamente Discapacitados–Asociación con Tratamiento para la Artritis)
1st Floor, 89 Albert Embankment
London SE1 7TP
020 7820 9989
email: info@lhtchildren.org.uk

National Asthma Campaign (Campaña Nacional contra el Asma)
Providence House
Providence Place
London N1 0NT
020 7226 2260
www.asthma.org.uk

National Autistic Society (Sociedad Nacional para Autistas)
393 City Road
London EC1V 1NG
020 7833 2299
www.oneworld.org-autism_uk

National Deaf Children's Society (Sociedad Nacional para Niños Sordos)
15 Dufferin Street
London EC1Y 8UR
020 7250 0123
www.ndcs.org.uk

REACH (Advice for children with reading difficulties) (ALCANZAR–Consultoría para niños con problemas de lectura)
California Country Park
Nine Mile Ride Finchampstead
Berkshire RG40 4HT
0845 6040414
www. reach-reading.demon.co.uk

Restricted Growth Association (Asociación para Niños con Crecimiento Limitado)
PO Box 8919
Birmingham B27 6DQ
0121 707 4328
email: rgal@talk21.com

Royal National Institute for the Blind (RNIB) (Real Instituto Nacional para Ciegos)
224 Great Portland Street
London WC1N 6AA
020 7388 1266
www.rnib.org.uk

Royal National Institute for the Deaf (Real Instituto Nacional para Sordos)
19–23 Featherstone Street
London EC1Y 8SL
0870 6050123
www.rnid.org.uk

Royal Society for Mentally Handicapped Children and Adults (MENCAP) (Sociedad Real para Niños y Adultos Mentalmente Incapacitados)
123 Golden Lane
London EC1Y 0RT
020 7454 0454
www.mencap.org.uk

Scope (Campo de Acción)
6 Market Road
London N7 9PW
020 7619 7100
www.scope.org.uk

EDUCACIÓN

**Advisory Centre for Education (ACE)
(Centro Consultor para la Educación)**
1C Aberdeen Studios
22 Highbury Grove
London N5 2DK
020 7354 8321
www.ace-ed.org.uk

**British Association for Early Childhood Education
(Asociación Británica para la Educación a Temprana Edad)**
136 Cabell Street
London E1 2JA
020 7539 5400
www.early-educatiom.org.uk

**MENSA (The High IQ Society)
(MENSA - Sociedad para Personas con Alto Coeficiente Intelectual)**
St John's House
St John's Square
Wolverhampton WV2 4AH
01902 772771
www.mensa.org.uk

**National Association for Gifted Children
(Asociación Nacional para Niños Dotados)**
540 Elder House
Milton Keynes MK9 1LR
01908 673677
www.rmplc.co.uk/
orgs/nagc/index.hgml

SEGURIDAD SOCIAL

**NSPCC National Child Protection Helpline
(NSPCC Línea de Ayuda Nacional para la Protección del Niño)**
0808 8005000

Child Line (Línea del Niño)
Stud Street
London N1 0QW
020 7239 1000
www.childline.org.uk

**National Childminding Association
(Asociación Nacional para la Atención del Niño)**
8 Masons Hill
Bromley, Kent BR2 9EY
020 8464 6164
www.ncma.org.uk

**National Children's Bureau
(Oficina Nacional para los Niños)**
8 Wakley Street
London EC1V 7QE
www.ncb.org.uk

**National Council for One-Parent Families
(Consejo Nacional para Familias de un Solo Padre)**
255 Kentish Town Road
London NW5 2LX
0800 0185026
www.oneparentfamilies.org.uk

**Parentline Plus
(Línea Plus para Padres)**
520 Highgate Studios
53–79 Highgate Road
London NW5 1TL
020 7209 2460
www.parentlineplus.org.uk

GRUPOS DE APOYO

**Cry-sis (with Association for parents of Sleepless Children)
(Crisis–Asociación de Padres de Niños que no Pueden Dormir)**
B M Cry-sis
London WC1N 3XX
020 7404 5011

**Hyperactive Children's Support Group
(Grupo de Apoyo para Niños Hiperactivos)**
71 Whyke Lane
Chichester
West Sussex PO19 2LD
01903 725182
www.hacsg.org.uk

**In Touch
(Network for support groups)
(En Contacto–Red para grupos de apoyo)**
10 Norman Road
Sale, Cheshire M33 3DF
0161 905 2440

JUGUETES

**The Boots Company Plc
(Compañia Las Botas)**
1 Thane Road
Nottingham
NG2 3AA
0115 950 6111
www.boots-plc.com

**Early Learning Centre
(Centro para el Aprendizaje Temprano)**
Head Office
South Marston Park
Swindon, Wiltshire SN3 4TJ
01793 831300
www.elc.co.uk

**Fisher Price Advisory Service Department
(Consultores Fisher Price–Departamento de Servicio)**
Mattel UK Consumer Affairs
PO Box 100
Peterlee, Co Durham SR8 2JQ
01628 500000
www.fisher-price.com
www.mattel.com

James Galt and Co Ltd
Brookfield Road
Cheadle, Cheshire SK8 2PN
0161 428 9111
www.galt.co.uk

**Mothercare Plc
(Al cuidado de la madre)**
Head Office
Cherry Tree Road
Watford
Hertfordshire WD2 5SH
01923 241000
www.mothercare.com

Tomy (UK) Ltd
Wells House
231 High Street
Sutton, Surrey SM1 1LD
020 8661 1547
www.tomy.co.uk

MENORES DE CINCO AÑOS

**National Early Years Network
(Red Nacional para Niños Pequeños)**
77 Holloway Road
London N7 8JZ
020 7607 9573
email: neyn.org@virgin.net

**Pre-School Learning Alliance
(Alianza para el Aprendizaje Preescolar)**
69 Kings Cross Road
London WC1X 9LL
020 7833 0991
www.pre-school.org.uk

ÍNDICE

AGRADECIMIENTOS

Fotografías de niños tomadas por Mike Good, Zartec Studios
Fotografías de juguetes tomadas por David Murray

Tipografía por VAP, Kidlington Oxfordshire

Edición Original
Carroll & Brown Limited quisiera agradecer a las siguientes personas:
Monia Orr por supervisar el capítulo sobre juguetes; Sara Cremer y Elizabeth
Thompson por su ayuda editorial; Wendy Rogers y Patricia Wright por modelar;
Matthew Carroll por su ayuda editorial y por modelar; Howard Pemberton por
su experiencia y ayuda en computación; Stephen Wright por proporcionar
los símbolos; Jan at Zartec Studios por organizar a los modelos; y a los niños
del Centro de Niños Chandos por sus dibujos.

Edición Revisada
Dorling Kindersley quisiera agradecer a las siguientes personas
por la ayuda que prestaron en la edición revisada:
Lizie Ette (Consultor de Salud Autorizado) y al profesor Charles Brook de
la Universidad de Londres, Middlesex Hospital y del Great Ormond Street Hospital
por revisar el texto; a Angela Baynham, Elizabeth Tatham y Jinny Johnson
por la ayuda editorial; y a Carla de Abreu por la ayuda en el diseño.

Las siguientes compañías amablemente prestaron los juguetes que se mencionan a continuación:

Fisher-Price Toys. *Recién nacidos a 6 meses:* Móvil con caja musical y animales bailando; *7 a 12 meses:* Pelota que tañe; *12 a 18 meses:* Pequeño Snoopy; *18 meses a 2 años:* Teléfono platicador, Xilófono saca melodías; Tortuga coloca-marbetes; los Primeros cubos de un bebé; *3½ a 5 años:* La marina para la familia, Grabadora de cassettes con micrófono.

Tomy. *Recién nacido a 6 meses:* Animales de peluche; *7 a 12 meses:* Automóviles de peluches; *12 a 18 meses:* Grabadora y tocacintas Trae contigo una canción, Tambor para la banda de jazz; *18 meses a 2 años:* Grabadora y tocacintas Trae contigo una canción, Tambor para la banda de jazz, Piano para la banda de jazz; *5 a 7 años:* Juegos de trenes.

The Boots Company PLC. *Recién nacido a 6 meses:* Barco pato chirrión, la Granja pequeña de animales, Sonaja aeroplano, Ratón para los dientes, Animales de peluche, Sonaja campana; *7 a 12 meses:* Sonaja para succionar, Pequeños osos, Libros de trapo, Cubos de peluche, Centro para el aprendizaje temprano. *12 a 18 meses:* Transporte para autos, wbus para apilar; *18 meses a 2 años:* Muñeca bebé zapf; *2 a 3½ años:* Disfraz de doctor y maletín, Juego de limpieza, Juego de herramientas, Duplos de plástico en forma de ladrillos; *3½ a 5 años:* Tablero magnético, binoculares, Juego de pinos de boliche; *5 a 7 años:* Juego de herramientas para sembrar y cultivar, grabadora.

Galt Toys. *7 a 12 meses:* Flota de barcos; *12 a 18 meses:* Sierra de madera; *2 a 3½ años:* Colores líquidos, Ladrillos para unir; *3½ a 5 años:* Cajas de lupas; Camión con ladrillos duplo de plástico; *5 a 7 años:* Constructores, Primer juego para hacer tapicería, Juego para imprimir fotografías, Atrapando al gato.

Nottingham Rehab Ltd. 0602-452345. Tableros de formas 108, 109, 110.